2025/26

남정선 세무사의
세법 필기노트

9·7급 공무원, 공기업, 세무사 세법 시험 대비

남정선 저자

직업상점

CONTENTS

01. 국세기본법

02. 부가가치세법

03. 소득세법

04. 법인세법

05. 국세징수법

국세기본법

남정선 세무사의 세법 필기노트

01 국세기본법

국세기본법 총칙

1. 국세기본법의 목적 : ㉠ 국세에 관한 기본적이고 공통적인 사항과 / ㉡ 납세자의 권리·의무 및 권리구제에 관한 사항을 규정
㉢ 국세에 관한 법률관계를 명확하게 하고 / ㉣ 과세를 공정하게 하며, / ㉤ 국민의 납세의무의 원활한 이행에 이바지함

2. 용어의 뜻

1) 국세 : 국가가 부과하는 조세(관세 제외) (ex) 소득세, 법인세, 부가가치세, 상속세 및 증여세, 종합부동산세, 교통·에너지·환경세 등)

2) 세법 : ①+② ⇨ ① 국세의 종목과 세율을 정하고 있는 법률
② 국세징수법, 조세특례제한법, 국제조세조정에 관한 법률, 조세범 처벌법, 조세범 처벌 절차법
★국세기본법상 세법의 범위에는 국세기본법, 지방세법, 관세법이 포함되지 않음★

3) 원천징수 : 세법에 따라 원천징수의무자가 국세(이와 관계되는 가산세 '제외')를 징수하는 것
↳ "원천징수 등 납부지연 가산세"

◇ 참고
원천징수 대상 소득
- 법인세법 : 이자, 투자신탁수익분배금
- 소득세법 : 이자, 배당, 사업, 근로, 연금, 기타소득, 퇴직소득

4) 가산세 : 세법에서 규정하는 의무의 성실한 이행을 확보하기 위해 세법에 따라 산출한 세액에 가산하여 징수하는 금액
→ 의무불이행 제재, 해당 국세의 세목 ○ (단, '해당국세'를 감면해도 가산세는 감면 대상에 포함되지 않음)

◇ 참고
가산세 = 국세기본법상 가산세 + 개별세법상 가산세
① 국세기본법상 가산세 : 공통 가산세
② 개별세법상 가산세 : 각 세법에만 적용

5) 강제징수비 : 「국세징수법」중 강제징수에 관한 규정에 따른 재산의 압류, 보관, 운반, 매각에 든 비용(매각을 대행시키는 경우 수수료 포함)

6) 납세의무자 : 세법에 따라 국세를 납부할 의무(국세를 징수하여 납부할 의무는 '제외')가 있는 자

7) 납세자 : 납세의무자('연대납세의무자'와 납세자를 갈음하여 납부할 의무가 생긴 경우의 '제2차 납세의무자' 및 '보증인' 포함)와 세법에 따라 국세를 징수하여 납부할 의무를 지는 자

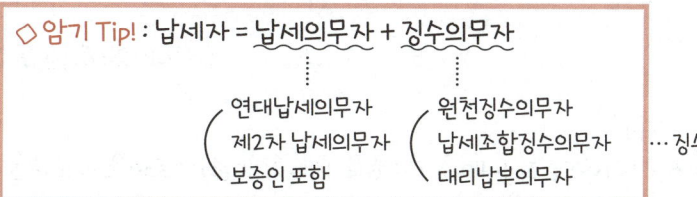

> ◇ 암기 Tip! : 납세자 = 납세의무자 + 징수의무자
>
> - 납세의무자: 연대납세의무자, 제2차 납세의무자, 보증인 포함
> - 징수의무자: 원천징수의무자, 납세조합징수의무자, 대리납부의무자 … 징수의무자가 의무불이행 시 '원천징수등 납부지연가산세' 적용

8) 과세기간 : 과세표준 계산의 기초가 되는 기간

<1> 법인세(사업연도)

① 법령 또는 정관에 정한 1회계기간
↓ 단, 1년을 초과할 수 없다.

② ①이 없는 경우
↓ 사업연도를 정하여 신고하여야 함

③ ①과 ② 모두 없는 경우
1/1 ~ 12/31

<2> 소득세

<원칙> 1/1 ~ 12/31
역년과세 원칙
(★사업의 개시, 휴업·폐업에 의해 변경되지 않음)

<예외>
① 사망 : 1/1 ~ 사망일
② 출국 : 1/1 ~ 출국일

<3> 부가가치세

① 일반과세자
- 1기 : 1/1 ~ 6/30
- 2기 : 7/1 ~ 12/31

② 간이과세자
→ 1/1 ~ 12/31
(★사업의 개시, 휴업, 폐업에 의해 영향 받음)

9) 세무조사 : 국세의 과세표준과 세액을 결정 또는 경정하기 위하여 질문을 하거나 해당 장부·서류 또는 그 밖의 물건(이하 "장부 등"이라 한다)을 검사·조사하거나 그 제출을 명하는 활동을 말한다.

> ★
> *국세기본법과 세법의 관계 : 세법 > 국세기본법
> *국세기본법과 관세법 등의 관계 : 관세법 등 > 국세기본법

> * 세무조사 시 '결정 및 경정'의 의미
> ① 결정 : 세무조사를 통해 세액을 최초로 확정시키는 것
> ② 경정(경정결정을 줄인 것) : 세무조사를 통해 이미 확정된 세액을 증가시키거나 감소시키는 것
> (증액경정과 감액경정이 있음)

기간과 기한

- 기간 : 어느 시점에서 어느 시점까지 계속된 기간
- 기한 : 정해진 일정 시점

→ ex) 부가가치세 과세기간(일반과세자)

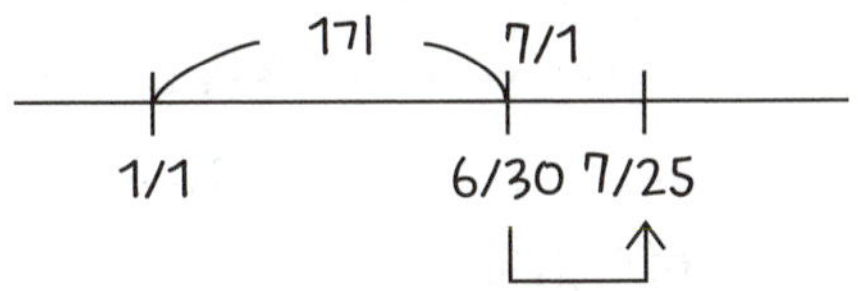

1기 확정신고기간 : 7/1 ~ 7/25
1기 확정신고기한 : 7/25

1. 기간의 계산 : 세법 > 민법

→ 국세기본법 또는 세법에서 규정하는 기간의 계산은 국세기본법 또는 그 세법에 특별한 규정이 있는 것을 제외하고는 민법에 따른다.

2. 기한의 특례

1) 신고 등의 기한이 공휴일 등의 경우 : 공휴일 등의 다음날을 기한으로 한다. ex) 토요일, 근로자의 날 등...

2) 국세정보통신망이 장애로 가동이 정지된 경우 : 그 장애가 복구되어 신고 또는 납부할 수 있게 된 날의 다음날을 기한으로 한다.
(신고 or 청구)

★암기 Tip!

효력발생시기 비교
① 전자송달 : 입력 or 저장
② 전자신고 : 전송

3. 서류제출의 효력발생시기

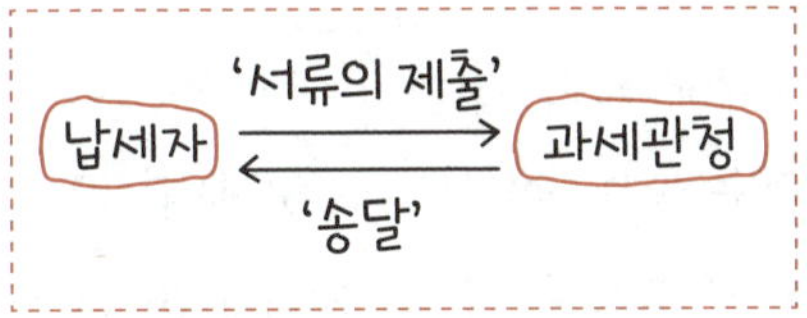

※ 서류제출의 효력발생 시기

<원칙> 도달주의 : 도달한 시점에 효력 발생

<예외> 1. 우편에 의한 서류제출

① 과세표준신고서, 과세표준수정신고서, 경정청구 등 관련서류 제출 → 우편날짜도장이 찍힌 날

② 불복청구 서류제출 : 불복청구기한 내에 발송 → 기한 지나서 도달 → 그 기간의 만료일에 적법한 청구를 한 것으로 봄

2. 전자신고 or 전자청구 : 국세청장에게 전송된 때

◇ 참고 "납부기한 연장"은 「국세징수법」에 규정됨

암기 Tip!

"사업의 현저한 손실"은 납부기한만 연장되는 사유임

천재 등으로 인한 기한연장

1. 기한연장 사유

관할 세무서장은 천재지변 등 다음에 해당하는 사유로 신고, 신청, 청구, 그 밖에 서류의 제출 또는 통지를 정하여진 기한까지 할 수 없다고 인정하는 경우나 납세자가 기한 연장을 신청한 경우에는 대통령령으로 정하는 바에 따라 그 기한을 연장할 수 있다.

① 납세자가 화재, 전화, 그 밖의 재해를 입거나 도난을 당한 경우

② 납세자 또는 그 동거가족이 질병이나 중상해로 6개월 이상의 치료가 필요하거나 사망하여 상중인 경우

③ 정전, 프로그램의 오류나 그 밖의 부득이한 사유로 한국은행 및 체신관서의 정보통신망의 정상적인 가동이 불가능한 경우

④ 금융회사 등 또는 체신관서의 휴무나 그 밖의 부득이한 사유로 정상적인 세금납부가 곤란하다고 국세청장이 인정하는 경우

⑤ 권한 있는 기관에 장부나 서류가 압수 또는 영치된 경우

⑥ 납세자의 장부 작성을 대행하는 세무사, 공인회계사가 화재, 전화, 그 밖의 재해를 입거나 도난을 당한 경우

2. 기한연장의 기간 : 3개월 + 1개월(단, 신고기한은 9개월 이내)

① 천재지변 등에 따른 기한연장은 3개월 이내로 하되, (해당 기한연장의 사유가 소멸되지 않는 경우) 관할 세무서장은 1개월의 범위에서 그 기한을 다시 연장할 수 있다.

② 단, 신고와 관련된 기한연장은 9개월을 넘지 않는 범위에서 관할 세무서장이 할 수 있다.

3. 기한연장의 신청

기한의 연장을 받으려는 자는 기한 만료일 3일 전까지 문서로 신청하여야 한다.

이 경우 해당 행정기관의 장은 기한연장을 신청하는 자가 기한 만료일 3일 전까지 신청할 수 없다고 인정하는 경우에는 기한의 만료일까지 신청하게 할 수 있다.

4. 기한연장의 승인

① 행정기관의 장은 천재지변 등에 따라 기한을 직권으로 연장하였을 때에는 문서로 지체 없이 관계인에게 통지하여야 하며, 납세자 등이 기한연장을 신청한 경우에는 기한 만료일 전에 그 승인 여부를 통지하여야 한다.

② 단, 다음에 해당하는 경우에는 관보 또는 일간신문에 공고하는 방법으로 통지를 갈음할 수 있다.

㉠한국은행이나 체신관서의 정전, 프로그램의 오류나 그 밖의 부득이한 사유가 전국적으로 일시에 발생하는 경우

㉡ 기한연장의 통지대상자가 불특정 다수인 경우

㉢ 기한연장의 사실을 그 대상자에게 개별적으로 통지할 시간적 여유가 없는 경우

서류의 송달

1. 교부송달 : (1)에게 (2)에서 교부

(1) 송달받을 자 : 명의인

*연대납세의무자에 대한 서류 송달은 대표자를 명의인으로 하며 대표자가 없는 경우 국세를 징수하기에 유리한 자를 명의인으로 한다.
단, 납세의 고지·독촉에관한 서류는 연대납세의무자 모두에게 각각 송달해야 한다.

(2) 송달 장소 : 주소, 영업소 등

<최신개정>
교도소·구치소 등 수감자는 해당 교도소·구치소·경찰서의 장에게 송달

(3) 유치 송달 (→ 교부송달, 등기우편 시)

송달장소에서 명의인 or 사리분별 할 수 있는 가족 or 종업원 등이 "정당한 사유없이" 서류 수령 을 거부하면 송달 장소에 두고 올 수 있다.(송달의 효력 있음)

2. 우편송달=일반우편 or 등기우편

(1) (반드시) 등기우편으로 송달

① 납부고지

<①의 예외> → ㉠㉡㉢은 50만원 미만이면 일반우편 가능

㉠ 소득세 중간예납고지
㉡ 부가가치세 예정고지
㉢ 신고납부세목을 신고만 하고 납부하지 않아 납부고지서 발급 시

② 독촉
③ 강제징수
④ 정부명령 관련 서류

3. 전자송달

(1) 요건 : <원칙> 신청한 경우에 한하여 전자송달 가능

<예외> 소득세 중간예납세액, 부가가치세 예정고지세액을 국세정보통신망을 통해 전액 납부시 → 납부한 금액에 한하여 전자송달을 신청한 것으로 봄

(2) 전자송달 가능한 서류 종류

① 납부고지서, 독촉장
② 국세환급금 통지서
③ 신고 안내문
④ 그 밖에 국세청장이 정하는 서류

(3) 전자송달방법

국세정보통신망에서 열람	①②
납세자가 지정한 전자우편 주소로 송달	③④

전자송달된 서류를 3회 연속 확인하지 않는 경우 전자송달을 철회한 것으로 봄

4. 공시송달

→ 1, 2, 3이 곤란한 경우 공시송달 가능

(1) 공시송달이 가능한 사유

① 주소·영업소가 분명하지 않은 경우
② 주소·영업소가 국외에 있고 송달이 곤란한 경우
③ 등기우편으로 송달하였으나 수취인 부재로 반송+송달 곤란하다고 인정
④ 세무공무원이 2회이상 방문하였으나 수취인 부재 확인+송달 곤란하다고 인정

*2회 이상 방문시
처음 방문한 날과 마지막 방문한 날 사이의 기간이 3일 이상이어야 하며, 기간 계산시 공휴일 및 토요일은 산입하지 않음

(2) 공시송달 방법

① 세무서, 국세정보통신망, 관할특별자치시·특별자치도·시·군·구의 게시판 또는 그 밖의 적절한 장소에 게시
*국세정보통신망의 경우 다른 공시송달방법과 함께 하여야 한다.
② 관보 또는 일간신문에 게재

(3) 공시송달의 효력발생시기 : 서류의 주요내용을 공고한 날부터 14일이 지나면 송달된 것으로 본다.

* 송달의 효력 발생시기

<원칙> 교부송달, 우편송달, 전자송달 : 도달주의
(유치송달 포함)
★단, 전자송달의 경우 송달받을 자가 지정한 전자우편주소에 입력된 때(저장한 경우 저장된 때)

<예외> 공시송달 : 공고한 날부터 14일이 지난 날

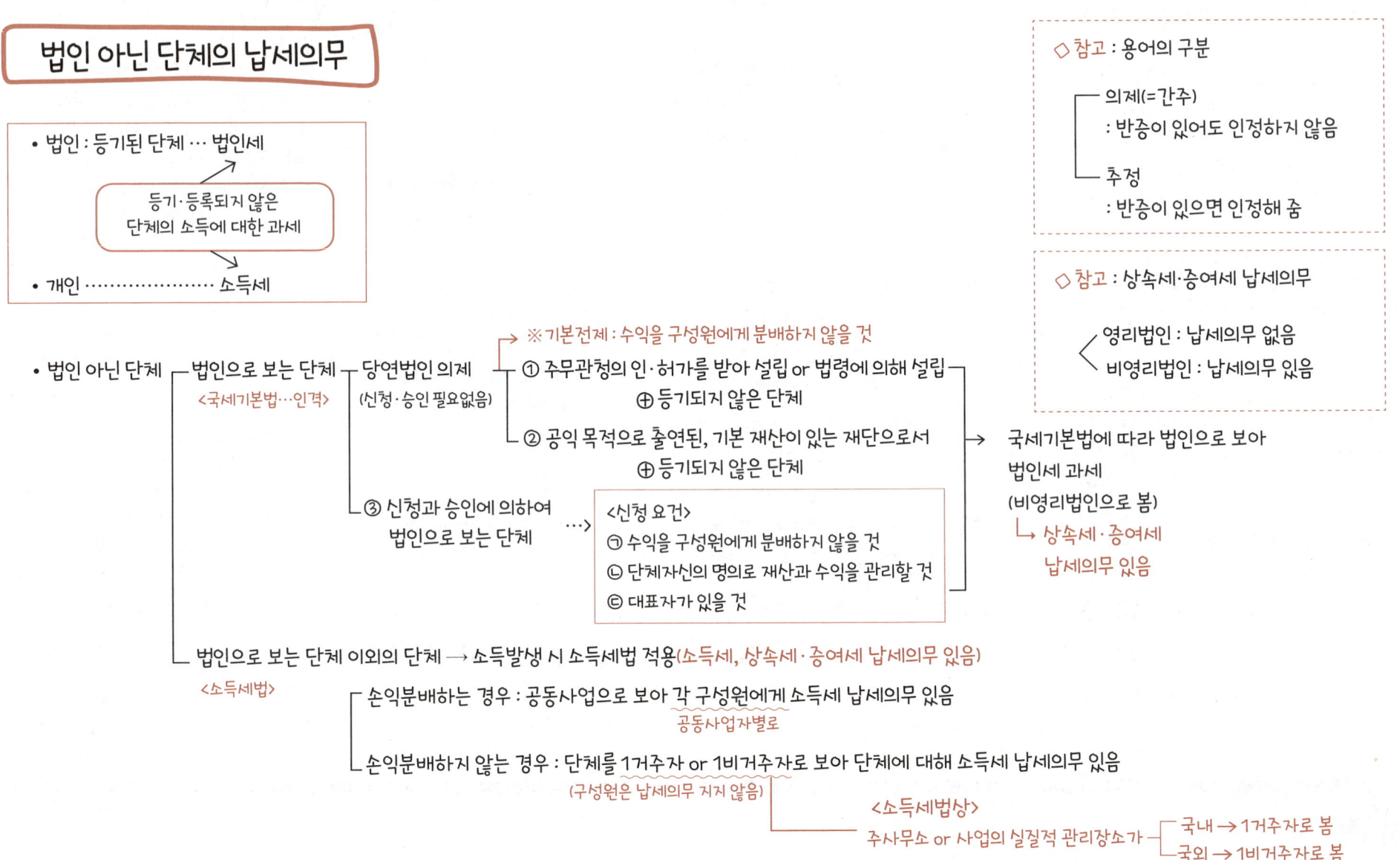

법인 아닌 단체의 납세의무

- 법인 : 등기된 단체 … 법인세
- 등기·등록되지 않은 단체의 소득에 대한 과세
- 개인 …………………… 소득세

◇ 참고 : 용어의 구분

- 의제(=간주) : 반증이 있어도 인정하지 않음
- 추정 : 반증이 있으면 인정해 줌

◇ 참고 : 상속세·증여세 납세의무

- 영리법인 : 납세의무 없음
- 비영리법인 : 납세의무 있음

- 법인 아닌 단체
  - 법인으로 보는 단체 <국세기본법…인격>
    - 당연법인 의제 (신청·승인 필요없음)
      - ※ 기본전제 : 수익을 구성원에게 분배하지 않을 것
      - ① 주무관청의 인·허가를 받아 설립 or 법령에 의해 설립 ⊕ 등기되지 않은 단체
      - ② 공익 목적으로 출연된, 기본 재산이 있는 재단으로서 ⊕ 등기되지 않은 단체
    - ③ 신청과 승인에 의하여 법인으로 보는 단체 …> <신청 요건>
      - ㉠ 수익을 구성원에게 분배하지 않을 것
      - ㉡ 단체자신의 명의로 재산과 수익을 관리할 것
      - ㉢ 대표자가 있을 것
    - → 국세기본법에 따라 법인으로 보아 법인세 과세 (비영리법인으로 봄)
      - └→ 상속세·증여세 납세의무 있음
  - 법인으로 보는 단체 이외의 단체 → 소득발생 시 소득세법 적용(소득세, 상속세·증여세 납세의무 있음) <소득세법>
    - 손익분배하는 경우 : 공동사업으로 보아 각 구성원에게(공동사업자별로) 소득세 납세의무 있음
    - 손익분배하지 않는 경우 : 단체를 1거주자 or 1비거주자로 보아(구성원은 납세의무 지지 않음) 단체에 대해 소득세 납세의무 있음
      - <소득세법상> 주사무소 or 사업의 실질적 관리장소가
        - 국내 → 1거주자로 봄
        - 국외 → 1비거주자로 봄

국세부과의 원칙과 세법적용의 원칙

• 국세부과의 원칙 : (실)(신)(근)(조)

↳ 납세자와 과세관청 쌍방이 모두 지켜야 하는 원칙

① (실)질과세의 원칙
② (신)의 성실의 원칙(납세자와 과세관청 모두에 요구)
③ (근)거과세의 원칙(장부에 근거하여 세무조사)
④ (조)세감면의 사후관리

* 실질과세의 원칙

1) 귀속에 관한 실질과세

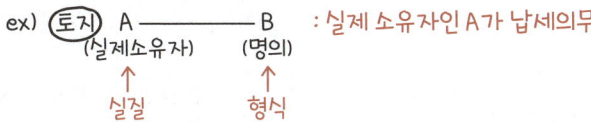

ex) (토지) A ———— B : 실제 소유자인 A가 납세의무
(실제소유자) (명의)
↑ 실질 ↑ 형식

2) 거래내용에 관한 실질과세

ex) 배우자 등에 대한 증여 후 양도(이월과세)

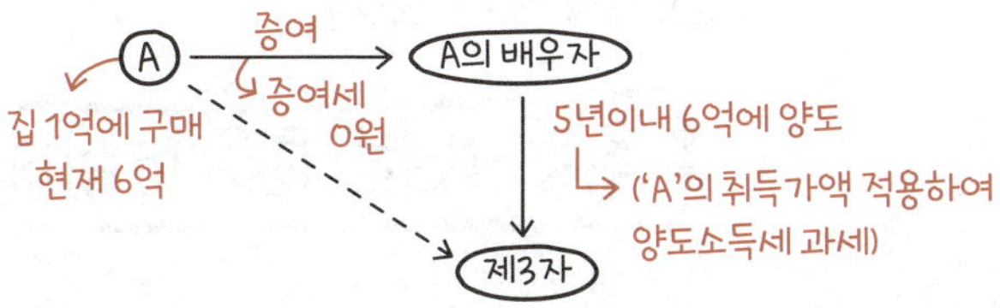

3) 조세회피 방지를 위한 경제적 실질과세

① 제3자를 통한 거래
② 이중의 거래

• 세법적용의 원칙

↳ 과세관청에 요구되는 원칙

㉠ 세법 해석의 기준 : 엄격해석의 원칙, 재산권 부당침해 금지원칙
㉡ 소급과세 금지의 원칙
㉢ 세무공무원 재량의 한계
㉣ 기업회계 존중(세법에 특별한 규정 있는 경우 제외)

*소급과세 금지 원칙

<진정소급> : 이미 성립한 납세의무에 대해 소급과세 → 금지

<부진정소급> : 과세기간 중도에 법률 개정 등이 있는 경우 이미 진행한 과세기간분에 대해 소급과세 → 인정

ex) 소득세

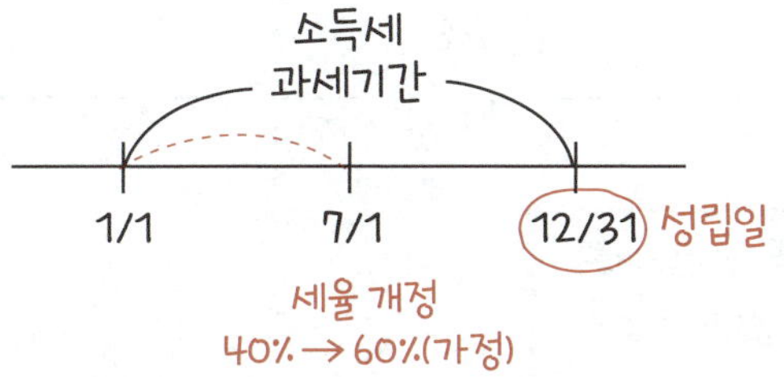

→1월 1일부터 60% 적용가능

*'부진정소급'과 '납세자에게 유리한 소급'은 인정

납세의무의 성립·확정·소멸

◇ 참고 : 결정과 경정의 의미
- 결정: 과세관청이 최초로 확정시키는 것
- 경정 결정 : 세금금액을 과세관청이 바꾸는 것 (증액경정, 감액경정)

★Tip!
'부과의 철회'는 납세의무 소멸 사유 아님

국세부과권의 제척기간 / 국세징수권의 소멸시효

1. 성립
→ 객관적인 과세요건이 충족되어 추상적인 납세의무 생김

2. 확정
→ 세금금액기재 (구체적납세의무)

3. 소멸
1) 소멸사유 : 납부, 충당, 부과의 취소, 제척기간 만료, 소멸시효 완성

2) 제척기간(세목별로 달리 적용)… 중단, 정지 없음
① 원칙
- 원칙 : 5년/7년/10년 (역외거래 시 7년/10년/15년)
- 상·증·부담부증여시 양도소득세 : 10년/15년

3) 국세징수권의 소멸시효 (세목별 동일, 금액별 차등)… 중단, 정지 있음
① 5억원 미만 : 5년
② 5억원 이상 : 10년

5억원 이상 or 미만 판단 시 가산세는 제외하고 판단함

✻ 시험 Point <암기>

1) 원칙적인 성립시기
① 법인세·소득세·부가가치세 : 과세기간 종료일
  ↳ 예외) 청산소득에 대한 법인세 : 해산일
  수입재화 부가가치세 : 수입신고하는 때
② 상속세 : 상속개시일
③ 증여세 : 증여재산 취득일
④ 종합부동산세 : 과세기준일(6/1)
⑤ 인지세 : 과세문서를 작성하는 때
⑥ 증권거래세 : 매매거래 확정일
⑦ 교육세, 농어촌특별세 : 해당 국세의 납세의무 성립일
  ↳ 예외) 금융·보험업자의 수익금액에 대한 교육세 : 과세기간이 끝나는 때
⑧ 가산세 ㉠ 무신고·과소신고 가산세 : 법정신고기한 경과시
㉡ 납부지연가산세·원천징수 등 납부지연가산세
- 하루 $\frac{22}{10만}$ 적용분 : 법정납부기한 경과후 1일마다 그 날이 경과하는 때
- 3% 적용분 : 납부기한 or 법정납부기한 경과하는 때
㉢ 개별세법의 가산세 : 가산할 국세의 납세의무 성립하는 때

2) 예외적인 성립시기

• 확정방법
- 구체적 절차에 의한 확정
  ★ ① 신고납부제도 : 납세자가 법정신고기한내에 신고하면 세액 확정
  ★ ② 정부부과제도 : 정부의 결정에 의해 세액 확정
  ↳ 신고서 제출은 납세협력의무 (상속세, 증여세, 신고하지 않는 경우의 종합부동산세)
- 구체적 절차 없이 확정 (=성립과 동시에 확정)

✻ 예외적인 성립시기
ⓐ 원천징수하는 소득세·법인세 : 소득금액(수입금액) 지급하는 때
ⓑ 납세조합이 징수하는 소득세, 예정신고·납부하는 소득세 : 과세표준이 되는 금액이 발생한 달의 말일
ⓒ 중간예납하는 소득세·법인세 : 중간예납기간이 끝나는 때
ⓓ 예정신고기간·예정부과기간에 대한 부가가치세 : 예정신고기간·예정부과기간이 끝나는 때
ⓔ 수시부과하여 징수하는 국세 : 수시부과 사유가 발생한 때

◇ 참고

신고납부세목을
법정 신고기한 내에 신고한 경우
과세표준신고서로 세액이 확정됨(=확정력 있음)
단, 경정청구, 기한후신고 시에는 확정력 없음

확정 방법

1) 구체적 절차에 의한 확정

① 신고납부제도 : 소득세, 법인세, 부가가치세, 신고하는 경우 종합부동산세 등

② 정부부과제도 : 상속세·증여세 ⊕ (신고하지 않는 경우의)종합부동산세 → 신고서 제출은 납세 협력의무, 정부가 세액을 결정함

2) 구체적 절차 없이 확정(성립과 동시에 확정) : ㉠ 인지세
㉡ 원천징수하는 소득세·법인세
㉢ 납세조합이 징수하는 소득세
㉣ 중간예납하는 법인세(정부가 조사·결정하는 경우 제외)
㉤ 납부고지서에 따른 납부기한 후의 납부지연가산세 및 원천징수 등 납부지연가산세

경정 등의 효력

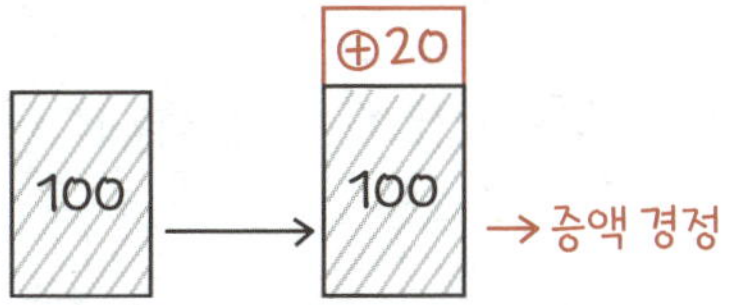

<당초 확정된 세액>

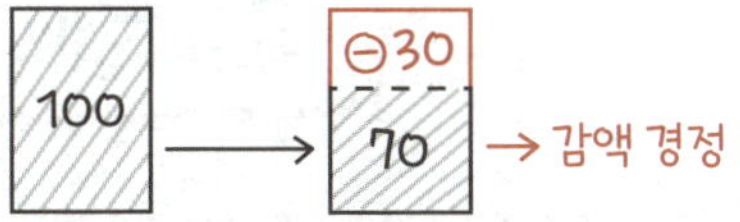

<당초 확정된 세액>

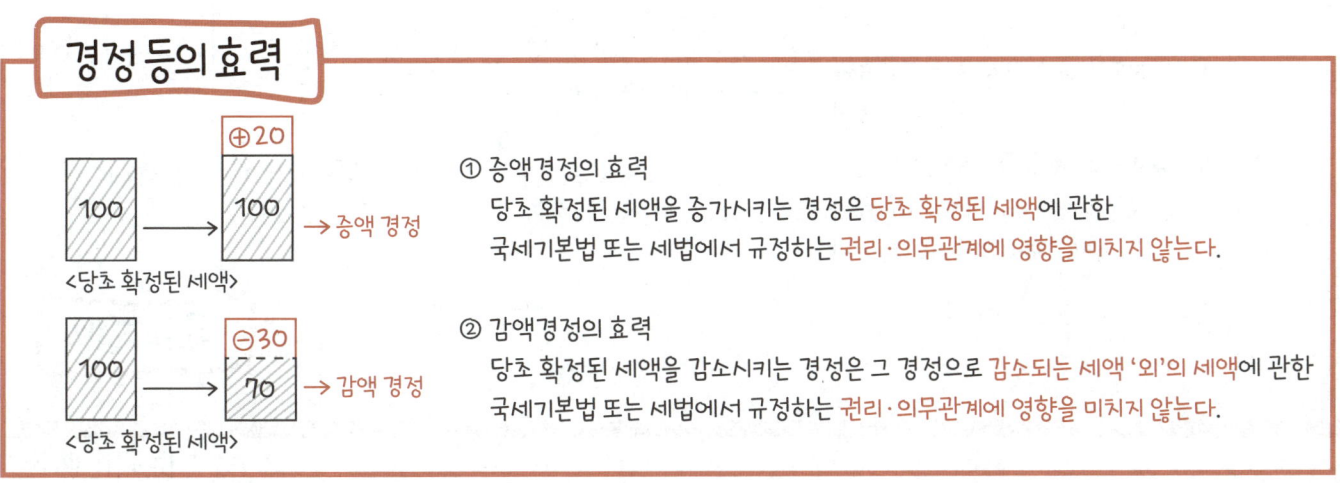

① 증액경정의 효력
당초 확정된 세액을 증가시키는 경정은 당초 확정된 세액에 관한
국세기본법 또는 세법에서 규정하는 권리·의무관계에 영향을 미치지 않는다.

② 감액경정의 효력
당초 확정된 세액을 감소시키는 경정은 그 경정으로 감소되는 세액 '외'의 세액에 관한
국세기본법 또는 세법에서 규정하는 권리·의무관계에 영향을 미치지 않는다.

수정신고의 효력

① 신고납부 세목에 대한 국세의 수정신고는
당초의 신고에 따라 확정된 과세표준과
세액을 증액하여 확정하는 효력을 가진다.
(①, ② 모두 기한후 신고에 대한 수정신고 제외)

② 국세의 수정신고는 당초 신고에 따라
확정된 세액에 관한 국세기본법 또는 세법에서
규정하는 권리·의무관계에 영향을 미치지 아니한다.

제척기간

◇ 참고 : 조세쟁송이란 이의신청, 심사청구, 심판청구, 감사원 심사청구, 행정소송을 말함

- 제척기간
  - <원칙> 일반적인 경우
    - 상속세·증여세 이외 (법인세, 소득세, 부가가치세)
      - 원칙 : 5년(역외거래 : 7년)
      - 무신고 : 7년(역외거래 : 10년)
      - 사기·기타 부정한 행위 : 10년(역외거래 : 15년)
    - 상속세·증여세 (부담부증여*시 양도소득세 포함)
      - 원칙 : 10년
      - 무신고·사기·기타 부정한 행위 : 15년
  - <예외> 특례 제척기간
    - 상속세·증여세의 평생 특례 제척기간 : 과세관청이 안 날로부터 1년(포탈재산가액 50억 초과시)
    - 소송 등의 경우 특례 제척기간
      - 조세 쟁송 등 소송, 상호 합의) 종결일로부터 1년
      - 역외거래 관련 조세정보를 받은 경우 : 정보 받은 날부터 1년, 국가별 실효세율 변경이 있음을 안 날로부터 1년
      - 경정 청구 및 조정 권고* : 경정청구일로부터 2개월

◇ 참고 : *연동된 다른 과세기간도 특례 적용

유상 무상
↑ ↑
*참고 : 부담부증여(양도+증여)

ex) A가 아들 B에게
3억짜리 아파트 증여
(대출 1억도 아들이 승계)

A → 2억(증여) / 1억(양도) → B
(증여자 양도인) <3억> (수증자 양수인)

⇒ 납세의무
A : 양도소득세
B : 증여세
* A, B의 제척기간을 증여세인 B의 제척기간으로 통일함

소멸시효의 중단과 정지

	소멸시효의 중단	소멸시효의 정지
의미	새로이 시효 계산	잔여기간의 만료로 시효 완성
사유	① 납부고지 ② 독촉 ③ 교부청구 ④ 압류 (단, 압류금지재산 또는 제3자의 재산을 압류하여 압류해제된 경우 제외)	① 분납기간 ② 연부연납기간 ③ 징수유예기간 ④ 강제징수유예기간 ⑤ 사해행위 취소의 소송 → 소송이 취하, 각하, 기각된 경우 효력이 없다. (납세자가 이긴 것) ⑥ 체납자가 국외에 6개월 이상 계속 체류하는 경우 해당 국외체류기간

*기간 만료의 효과
- 제척기간 : 장래를 향하여 부과권 소멸함
- 소멸시효 : 기산일에 소급하여 징수권 소멸함

*제척기간은 중단·정지 없고, 소멸시효는 중단·정지 있음

제척기간 기산일

1. 원칙적인 기산일

① 과세표준과 세액을 신고하는 국세(신고하는 종합부동산세 제외) : 과세표준 신고기한의 다음날

*참고

	신고 납부 세목 여부	신고하는 국세인지 여부	제척기간 기산일
법인세	O	O	신고기한의 다음날
소득세	O	O	
부가가치세	O	O	
상속세	×	O	
증여세	×	O	

② 종합부동산세 및 인지세 : 납세의무 성립일

◇ 참고 : 상속세 및 증여세 신고기한 및 결정기한

*상속세
: 상속개시일이 속하는 달의 말일부터
6개월 이내에 신고→ 신고기한 종료후 9개월 이내 결정

*증여세
: 증여받은 날이 속하는 달의 말일부터
3개월 이내에 신고→ 신고기한 종료후 6개월 이내 결정

2. 예외적인 기산일

① 원천징수의무자 or 납세조합에 대하여 부과하는 국세 : 해당 원천징수세액 or 납세조합징수세액의 법정납부기한의 다음날

② 과세표준 신고기한 or 법정납부기한이 연장되는 경우 : 연장된 기한의 다음날

③ 공제, 면제, 비과세, 낮은 세율 적용 등에 따른 세액을 의무 불이행 등의 사유로 징수하는 경우 : 공제세액 등을 징수할 수 있는 사유가 발생한 날

납세의무의 확장

1. 납세의무 승계 (본래 납세자로부터 다른 자에게 납세의무가 이전되는 것) :

"~납부할 의무를 진다"

1) 법인의 합병 : 합병법인이 피합병법인의 납세의무를 한도없이 전액 승계함

ex)

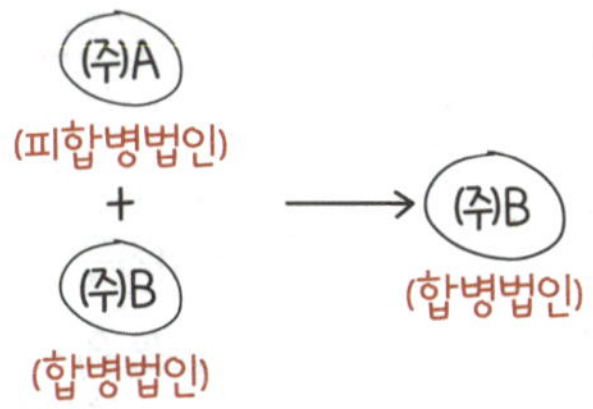

⇒ 합병법인 ㈜B가
피합병법인 ㈜A의 국세를 한도없이 전액 승계함

2) 상속 : 상속인이 피상속인의 납세의무를 상속받은 재산가액 한도로 승계함
(자산-부채-상속세)

① 상속포기자가 (또는 상속한정승인자) 보험금 수령 시에도 납세의무 승계함
② 상속인이 2인 이상인 경우 각 상속인은
(승계된) 피상속인의 납세의무에 대하여
상속으로 받은 재산의 한도 내에서 연대납세의무를 짐

2. 연대납세의무 : "~ 연대하여 납부할 의무를 진다"

1) 공유물·공동사업

<원칙> 「국세기본법」 공유물·공동사업 또는 그 공동사업에 속하는 재산에 관계된 국세·강제징수비는 연대납세의무 있음 (ex.부가가치세)

> <소득세법의 특례>
> 소득세법상 공동사업에 대한 사업소득과 공유물에 대한 양도소득세에 대해서는 연대납세의무를 지지 않음

2) 분할·분할합병으로 인한 연대납세의무(한도 : 분할로 승계된 재산가액)

- 분할법인이 소멸
  - 분할 신설 법인
  - 분할합병의 상대방 법인
- 분할법인이 존속
  - 분할되는 법인
  - 분할 신설 법인
  - 분할합병의 상대방 법인

3) 신회사 설립

: 법인이 「채무자 회생 및 파산에 관한 법률」에 따라
신회사를 설립하는 경우 기존 법인의 국세·강제징수비는
신회사가 연대하여 납부할 의무를 진다.

◇ 참고

사업의 양도란 사업장별로 그 사업에 관한 모든 권리(미수금에 관한 것은 제외)와 모든 의무(미지급금에 관한 것은 제외)를 포괄적으로 승계하는 것을 말함

제2차 납세의무

"~ 부족한 금액에 대하여 납부할 의무를 진다"

<특징> 1. 부종성 : 본래의 납세의무의 존재를 전제로 성립(본래의 납세의무가 소멸하면 제2차 납세의무도 소멸)

2. 보충성 : 본래 납세자의 재산에 대하여 강제징수를 집행하여도 징수할 금액이 부족한 경우, 그 부족한 금액에 대하여 제2차 납세의무를 지는 것

청산인 등의 제2차 납세의무

본래의 납세자	제2차 납세의무자
• 해산법인	• 청산인 ↳ 한도 : 분배한 재산가액 • 잔여재산 분배받은 자 ↳ 한도 : 분배받은 금액

법인에 부과되거나 법인이 납부할 국세

출자자의 제2차 납세의무

본래의 납세자	제2차 납세의무자
• 법인 (비상장 법인)	• 무한책임사원 ↳ 한도없음(영향력 多) • 과점주주 (의결권 있는 주식, 50% 초과) ⇒ 지배적 영향력 있는 자들 ↳ 한도 : 지분비율

★ 상장법인의 주주는 출자자의 제2차 납세의무 없음

납세의무 ★성립일 기준

법인의 제2차 납세의무

본래의 납세자	제2차 납세의무자
• 출자자 (• 무한책임사원 • 과점주주)	• 법인 ↳ 한도 : 순자산가액 × 출자자 지분비율

⇒ 법인의 주식을 제외하고 개인이 가지고 있는 재산을 모두 처분해도 국세 등에 부족한 경우에

(① 법인의 정관 등에 주식양도 제한
② 주식을 재공매 or 수의계약해도 안 팔림)

⇒ 주식 발행한 법인이 책임有

(*외국법인 발행 주식도 요건 충족시 적용 가능)

납부기간 ★만료일 기준

비교암기!!

사업양수인의 제2차 납세의무

본래의 납세자	제2차 납세의무자
• 사업양도인	• 사업양수인 ↳ 한도 : 양수한 재산가액 ⇒ 양도받을 사업(양수할 사업) 관련된 국세 제대로 냈는지 확인할 것

*사업양수인의 범위 : ① 또는 ②
① 사업양도인과 특수관계인
② 양도인의 조세회피를 목적으로 사업을 양수한 자

• 사업에 관련된 국세에 한함
(양도소득세×→ 재산관련국세)
양도일 이전에 ★확정된 국세에 한함

* 본래의 납세자 : 세금 안 낸 주체

* 출자자의 제2차 납세의무 판단시 과점주주의 범위 : 주주(또는 유한책임사원) 1인과 그의 특수관계인의 소유주식(또는 출자액) 합계가 해당 법인의 발행주식 총수(또는 출자총액)의 50%를 초과하면서 법인의 경영에 대하여 지배적인 영향력을 행사하는 자들(영농조합 및 영어조합 조합원 포함. 2025 개정)

국세와 일반채권의 관계

1. 조세채권 간 우선관계 : 국세와 국세, 국세와 지방세

<원칙> 평등주의

<예외> ①납세담보 우선 > ②압류 우선 > ③교부청구(참가압류)

2. 국세와 일반채권과의 관계

<원칙> 국세 우선권 : 국세가 일반채권에 우선한다.

<예외> 국세 우선권의 예외

<1순위> 강제징수비, 경매 직접 경비(공익 비용)

<2순위> 법에 의한 소액임차보증금(우선 변제 금액)
소액임금채권(최종 3개월분 임금, 최종 3년간의 퇴직금, 재해보상금)

<3순위> 재산에 대해 부과하는 국세(상속세·증여세·종합부동산세) : 법정기일에 관계없이 피담보채권보다 우선하여 징수
법정기일이 피담보채권의 담보설정일보다 빠른 국세

<4순위> 저당권 등 담보설정채권(피담보 채권)
⊕ 대항요건과 확정일자를 갖춘 임차보증금(=대항력 있는 임차인)
<5순위> 기타 임금 채권

→ 항상 이 순서로 붙어 다님

<6순위> 법정기일이 피담보채권의 담보설정일 보다 늦은 국세

Tip! 문제 풀이 순서

1 상속세 증여세 종합부동산세인가? → Yes (3순위)

매각대금
⊖ 1순위
⊖ 2순위
남은 금액에서 국세 징수

↓ No

2 법정기일과 저당권 등 설정일 비교

법정기일이 빠른 경우 (국세는 3순위)

매각대금
⊖ 1순위
⊖ 2순위
남은 금액에서 국세 징수

저당권 등 설정이 빠른 경우 (국세는 6순위)

매각대금
⊖ 1순위
⊖ 2순위
⊖ 3순위
⊖ 4순위
⊖ 5순위
남은 금액에서 국세 징수

<암기사항 : 국세의 법정기일>

㉠ 과세표준과 세액의 신고에 따라 납세의무가 확정되는 국세 : 신고일
㉡ 과세표준과 세액을 정부가 결정·경정 또는 수시부과 결정을 하는 경우 등 납부고지서로 고지한 세액 : 납부고지서의 발송일
㉢ 인지세와 원천징수의무자나 납세조합으로부터 징수하는 소득세 · 법인세 및 농어촌특별세 : 납세의무의 확정일
㉣ 확정전보전압류한 국세: 그 압류등기일 또는 등록일

과세와 환급

1. 관할관청 : 국세에 관한 사무를 담당하는 기관. 세목별로 납세지를 관할하는 세무서장

↳ ex) ┌ 부가가치세 : 사업장 소재지
├ 소득세 : 주소지
└ 법인세 : 본점 소재지

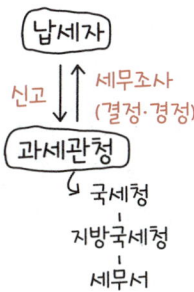

납세자
신고 ↓ ↑ 세무조사 (결정·경정)
과세관청
↳ 국세청 | 지방국세청 | 세무서

① 과세표준 신고의 관할 : 납세지 관할 세무서장에게 신고(전자신고는 지방국세청장이나 국세청장도 가능)
(신고당시 납세지 관할세무서장)
관할 외의 세무서장에게 신고서 제출해도 효력 인정(=신고의 효력에는 영향이 없다.)

②결정 또는 경정 결정의 관할 : 관할이 아닌 세무서장이 한 결정·경정결정 처분은 효력 없음
(처분당시 납세지 관할세무서장)

2. 수정신고·경정 등의 청구 및 기한 후 신고

<2025년 개정>
* 세액공제를 받아야할 금액보다 적게 받은 경우에도 경정 청구 가능

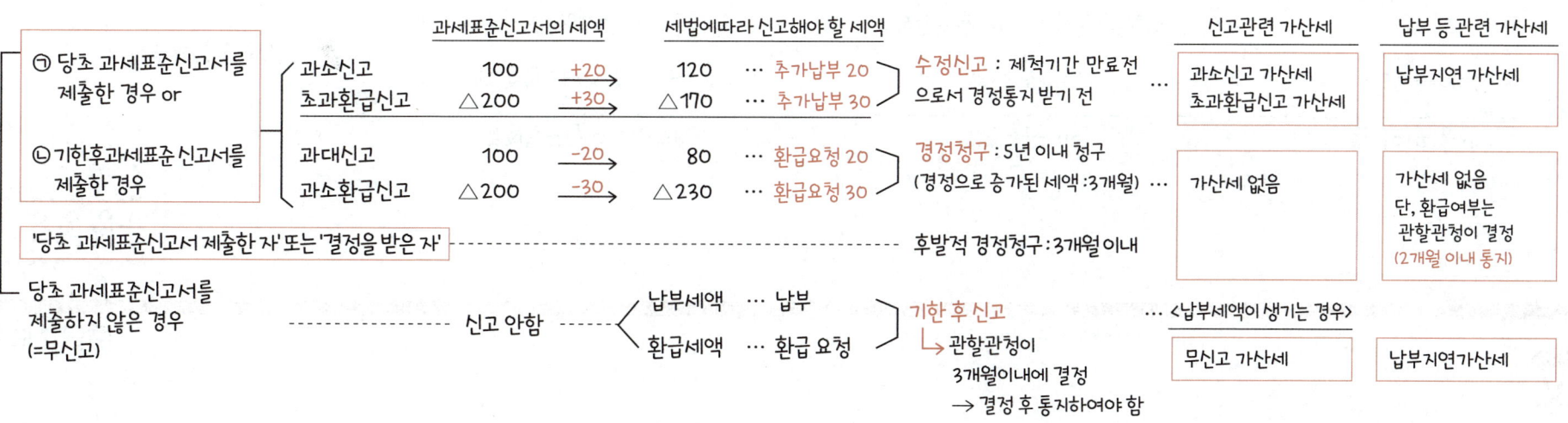

		과세표준신고서의 세액		세법에따라 신고해야 할 세액			신고관련 가산세	납부 등 관련 가산세
㉠ 당초 과세표준신고서를 제출한 경우 or ㉡ 기한후과세표준 신고서를 제출한 경우	과소신고	100	+20 →	120	… 추가납부 20	수정신고 : 제척기간 만료전으로서 경정통지 받기 전	과소신고 가산세	납부지연 가산세
	초과환급신고	△200	+30 →	△170	… 추가납부 30		초과환급신고 가산세	
	과대신고	100	-20 →	80	… 환급요청 20	경정청구 : 5년 이내 청구 (경정으로 증가된 세액 : 3개월)	가산세 없음	가산세 없음 단, 환급여부는 관할관청이 결정 (2개월 이내 통지)
	과소환급신고	△200	-30 →	△230	… 환급요청 30			

'당초 과세표준신고서 제출한 자' 또는 '결정을 받은 자' ---------- 후발적 경정청구 : 3개월 이내

당초 과세표준신고서를 제출하지 않은 경우 (=무신고) ---------- 신고 안함 ---- 납부세액 … 납부 / 환급세액 … 환급 요청 → 기한 후 신고
↳ 관할관청이 3개월이내에 결정 → 결정 후 통지하여야 함

… <납부세액이 생기는 경우>

신고관련 가산세	납부 등 관련 가산세
무신고 가산세	납부지연가산세

경정청구

구분	경정청구할 수 있는 자	경정청구 기한	환급여부 통지
일반적인 경정청구	① 과세표준신고서 제출한 자 ② 기한후과세표준신고서 제출한 자	5년 이내 (경정으로 증가된 세액은 3개월이내)	2개월 이내
후발적 경정청구	㉠ 과세표준신고서 제출한 자 ㉡ 정부의 결정을 받은 자	3개월 이내	2개월 이내

후발적 경정청구 가능한 사유

① 최초의 신고 · 결정 또는 경정에서 과세표준 및 세액의 계산 근거가 된 거래 또는 행위 등이 심사청구등에 대한 결정이나 그에 관한 소송에 대한 판결(판결과 같은 효력을 가지는 화해나 그 밖의 행위를 포함)에 의하여 다른 것으로 확정되었을 때

② 소득이나 그 밖의 과세물건의 귀속을 제3자에게로 변경시키는 결정 또는 경정이 있을 때

③ 조세조약에 따른 상호합의가 최초의 신고 · 결정 또는 경정의 내용과 다르게 이루어졌을 때

④ 결정 또는 경정으로 인하여 그 결정 또는 경정의 대상이 되는 과세기간 외의 과세기간에 대하여 최초에 신고한 국세의 과세표준 및 세액이 세법에 따라 신고하여야 할 과세표준 및 세액을 초과할 때

⑤ 최초의 신고 · 결정 또는 경정을 할 때 과세표준 및 세액의 계산 근거가 된 거래 또는 행위 등의 효력과 관계되는 관청의 허가나 그 밖의 처분이 취소된 경우

⑥ 최초의 신고 · 결정 또는 경정을 할 때 과세표준 및 세액의 계산 근거가 된 거래 또는 행위 등의 효력과 관계되는 계약이 해제권의 행사에 의하여 해제되거나 해당 계약의 성립 후 발생한 부득이한 사유로 해제되거나 취소된 경우

⑦ 최초의 신고 · 결정 또는 경정을 할 때 장부 및 증거서류의 압수, 그 밖의 부득이한 사유로 과세표준 및 세액을 계산할 수 없었으나 그 후 해당 사유가 소멸한 경우

가산세

*가산세 (의무위반에 대한 제재, 해당 국세의 세목에 해당함, 감면 대상에는 포함되지 않음)

→ 국세기본법 및 개별세법에 가산세 규정이 있음

국세기본법상 가산세

	일반적인 경우	부정 행위
① 무신고가산세	무신고세액 × 20%	40% (역외거래 부정행위 : 60%)
② 과소신고·초과환급신고 가산세	과소신고·초과환급신고세액 × 10%	40% (역외거래 부정행위 : 60%)

③ 납부지연가산세

* 인지세 : 세액의 300%

$(\text{미납세액} \times \text{미납일수} \times \frac{22}{10만}) \oplus$ 고지서상 납부기한 지난 경우 세액의 3%

◇ 참고 : 인지세의 납부지연가산세

- ㉠법정납부기한 경과 후 3개월 이내 납부 : 세액의 100% 적용
- ㉡법정납부기한 경과 후 3개월 초과 6개월 이내 : 세액의 200% 적용
- ㉢ 법정납부기한 경과 후 6개월 초과 : 세액의 300% 적용

④ 원천징수 등 납부지연가산세
- 원천징수의무 위반
- 납세조합징수의무 위반
- 대리납부의무 위반

→ $(\text{불이행세액} \times 3\%) + (\text{세액} \times \text{미납일수} \times \frac{22}{10만})$

*가산세 한도

<1> 무신고 가산세, 과소신고 가산세, 초과환급신고 가산세, 납부지연 가산세 ⇒ 한도 없음

<2> 납세협력의무 중 의무위반의 종류별로

(ex) 지급명세서 제출의무 등

㉠ 중소기업 : 5,000만 원 한도
㉡ 비중소기업 : 1억 원 한도

↳ 고의적 의무위반인 경우 가산세 한도 없이 전액 부과

◇ 참고

납부지연가산세 및 원천징수등 납부지연가산세는 납부고지서상의 세액이 150만원 미만이면 납부고지서상 납부기한 경과 후 $\frac{22}{10만}$ 적용분은 부과하지 않음

가산세 감면

가산세 감면	감면율
① 기한후 신고시 : 무신고 가산세 감면	
• 신고기한 경과 후 ~1개월 이내	50% 감면
• 1개월 초과 ~3개월 이내	30% 감면
• 3개월 초과 ~6개월 이내	20% 감면

… 단, 예정신고·중간신고 안하더라도 확정신고시 신고하면 50% 감면

가산세 감면	감면율
② 수정신고시 : 과소신고·초과환급신고가산세 감면	
• 신고기한 경과 후 ~1개월 이내	90% 감면
• 1개월 초과 ~3개월 이내	75% 감면
• 3개월 초과 ~6개월 이내	50% 감면
• 6개월 초과 ~1년 이내	30% 감면
• 1년 초과 ~1년 6개월 이내	20% 감면
• 1년 6개월 초과 ~2년 이내	10% 감면

… 단, 예정신고·중간신고시 과소신고·초과환급신고해도 확정신고시 올바르게 신고하면 50% 감면

가산세 감면	감면율
③ 과세전적부심사 청구시 통지기한(30일) 내에 통지하지 않은 경우	: 납부지연가산세의 50% 감면
④ 납세협력의무 위반 후 1개월 이내에 수정	: 해당 가산세의 50% 감면
⑤ 기한연장 사유, 의무불이행에 대한 정당한 사유 등이 있는 경우	: 100% 감면 (=가산세를 부과하지 않음)

⇓

<가산세를 부과하지 않는 사유 = 100% 감면 사유>

㉠ 천재 등에 의한 기한연장 사유가 있는 경우

㉡ 납세자의 의무불이행에 대한 정당한 사유가 있는 경우

㉢ 세법 해석에 관한 기획재정부 장관 및 국세청장의 질의·회신 등에 따라 신고·납부하였으나 이후 다른 과세처분 받은 경우

㉣ 「공익사업을 위한 토지 등의 취득 및 보상에 관한 법률」 등 법령으로 인해 세법상 의무를 이행할 수 없게 된 경우

㉤ 의료비를 지출한 과세기간과 실손의료보험금을 지급받은 과세기간이 달라 해당 보험금을 지급받은 후 의료비를 지출한 과세기간에 대한 소득세를 수정신고하는 경우

국세의 환급

1) 국세환급금 : 납세의무자가 국세 및 강제징수비로 납부한 금액 중 과오납금이 있거나 환급세액이 있는 경우 반환되어야 할 금액

ex) 착오납부, 이중납부 등

ex) 부가가치세 매입세액이 매출세액을 초과하는 경우 등

* 2025년 개정
국세환급금 중 충당한 후 남은 금액이 20만원이하이고 지급결정일부터 1년 내에 환급이 이루어지지 않는 경우에는 납부고지에 의한 국세에 충당할 수 있음 (이경우 납세자의 동의 있는 것으로 간주)

2) 충당 : 납부할 국세와 환급받을 국세를 상계

① 필요적 충당(=직권충당, 강제충당) : 체납액, 납부기한전징수를 위한 고지 → 납세자의 동의 필요 없음

② 임의적 충당 : ① 외의 경우 납세자가 충당에 동의하는 경우에 한하여 충당

세금 납부

<원칙> 세금은 금전 납부가 원칙임

<예외> 물납(금전 이외의 부동산 등으로 납부하는 것) → 상속세 가능

↳ 상속세를 물납한 후 그 부과의 전부 또는 일부를 취소하거나 감액하는 경정 결정에 따라 환급하는 경우 해당 물납자산으로 환급하여야 한다. 물납자산으로 환급하는 경우에는 국세환급가산금을 적용하지 않는다.

↳ 국세환급금에 붙는 법정이자

물납재산의 환급

① 납세자가 상속세를 물납한 후 그 부과의 전부 or 일부를 취소하거나 감액하는 경정 결정에 따라 환급하는 경우에는 물납재산으로 환급해야 함

② ①의 경우 국세환급가산금 지급하지 않음

③ 단,
물납재산이 매각되었거나
다른 용도로 사용되고 있는 경우에는
금전으로 환급
(→ 이 경우에는 국세환급가산금 지급함)

④ 국가가 물납재산 유지·관리하기 위해 지출한 비용은 국가의 부담임
but, 자본적 지출은 납세자의 부담

국세환급금의 소멸시효

: 국세환급금과 국세환급가산금에 관한 권리는 '행사할 수 있는 때'부터 5년간 행사하지 않으면 소멸시효가 완성된다.

◇ 참고 : 국세는 제척기간 · 소멸시효가 모두 있고, 국세환급금은 제척기간은 없고 소멸시효만 있음

국세 불복 제도

* 불복청구 못하는 경우
  - ㉠「조세범 처벌절차법」에 따른 통고처분
  - ㉡「감사원법」에 따라 심사청구를 한 처분이나 그 심사청구에 대한 처분 등
  - ㉢ 과태료 부과 처분

납세자의 권리구제
- 사전적 권리구제 : 과세 전 적부심사 청구
- 사후적 권리구제 : 불복

	처분청	재결청	서류 보정 기간
• 이의신청	세무서장, 지방국세청장	세무서장, 지방국세청장	20일 이내
• 심사청구	세무서장, 지방국세청장	국세청장(국세심사위원회)	20일 이내
• 심판청구	세무서장, 지방국세청장	조세심판원장(조세심판관회의)	상당한 기간

* 불복청구서의 보정방법
  - ① 출석하여 구술 ⊕ 서명날인
  - ② 또는 서면 제출

*불복청구인

1. 당사자(A)

① 위법·부당한 처분을 받거나
② 필요한 처분을 받지 못하여
→ 권리 또는 이익의 침해를 받은 자

2. 처분으로 인하여 권리나 이익을 침해 당하게 될 이해관계인(B)도 불복청구가능

(단, 단순히 반사적 권리 또는 이익의 침해를 받은 자는 불가능)

ex) • 제2차 납세의무자로서 납부고지서를 받은 자
• 물적납세의무를 지는 자로서 납부고지서를 받은 자
⇒ A의 처분에 대해 B가 불복청구 가능
• 보증인

3. 대리인 : 불복청구인과 처분청은 변호사 또는 세무사 등을 대리인으로 선임할 수 있다. → 5천만원 미만의 소액심판은 배우자, 4촌이내 혈족, 배우자의 4촌이내 혈족을 대리인으로 선임 가능

→ 대리인은 본인을 위하여 그 신청 or 청구에 관한 모든 행위를 할 수 있다.
단, '신청 또는 청구'의 취하는 특별한 위임을 받은 경우에 한함

* 국선대리인 : 이의신청·심사청구·심판청구 or 과세 전 적부심사 청구 시 국선대리인 신청 가능 (청구 금액 5,000만원 이하 & 상속세·증여세·종합부동산세 제외)

* 참고

1. 이의신청은 해도 되고 안해도 됨(생략가능)

2. 심사청구 또는 심판청구를 반드시 거쳐야 행정소송을 할 수 있다.(단, 재조사 결정에 대한 처분은 추가 불복없이 행정소송 가능)

3. 인용(이유있다)에 따른 재조사 결정의 경우 그에 따른 처분청의 처분에 대해서는
   - ① 심사청구 또는 심판청구 가능 (이의신청은 불가능)
   - or
   - ② 심사청구·심판청구 거치지 않고 행정소송 가능

4. 불복에 대한 불복 X
   → 심사청구와 심판청구는 중복제기 불가능
   (같은날 제기한 경우 심사청구 각하)

불복 청구의 절차

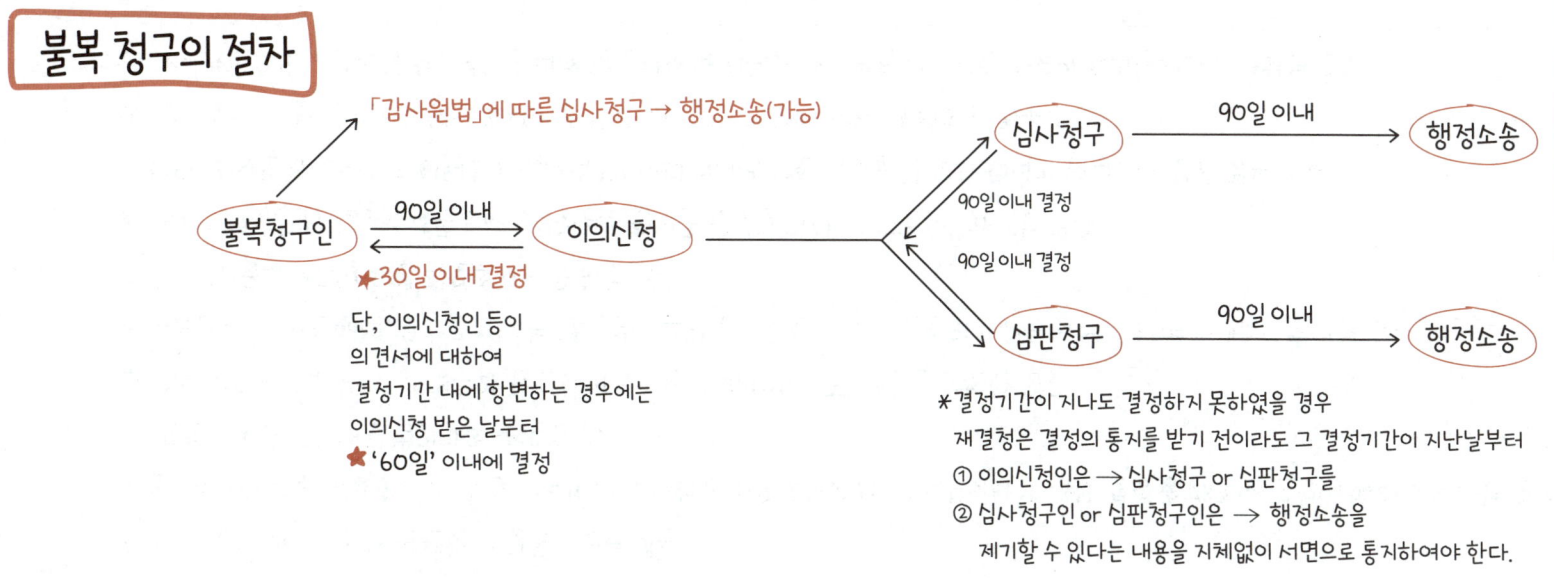

「감사원법」에 따른 심사청구 → 행정소송(가능)

불복청구인 —90일 이내→ 이의신청
★30일 이내 결정

단, 이의신청인 등이
의견서에 대하여
결정기간 내에 항변하는 경우에는
이의신청 받은 날부터
★'60일' 이내에 결정

이의신청 → 심사청구 —90일 이내→ 행정소송
(90일 이내 결정)

이의신청 → 심판청구 —90일 이내→ 행정소송
(90일 이내 결정)

*결정기간이 지나도 결정하지 못하였을 경우
재결청은 결정의 통지를 받기 전이라도 그 결정기간이 지난날부터
① 이의신청인은 → 심사청구 or 심판청구를
② 심사청구인 or 심판청구인은 → 행정소송을
제기할 수 있다는 내용을 지체없이 서면으로 통지하여야 한다.

<집행부정지의 원칙>

<원칙> 불복청구 중에는
집행은 정지되지 않음

<예외> 불측청구인의
손해예방 긴급한 경우
집행정지 가능

*불복결정의 종류 : 각하, 기각, 인용

1. 형식상 요건 검토 —요건 미비→ 내용 심리 안함 : 각하

↓ 요건 충족

2. 내용 검토 (내용 심리함)
   - → 청구가 이유 없다는 결정 : 기각
   - → 청구가 이유 있다는 결정 : 인용
     - ① 위법·부당한 처분 → 처분의 취소 or 변경
     - ② 필요한 처분 받지 못한 경우 → 필요한 처분
     - ③ ①,②를 위한 재조사 결정

<심사청구를 각하하는 사유>

㉠ 심판청구를 제기한 후 심사청구를 제기한 경우
㉡ 심판청구와 심사청구를 같은 날 제기한 경우
㉢ 불복청구기간이 지난 후에 청구된 경우
㉣ 보정기간에 필요한 보정을 하지 아니한 경우
㉤ 심사청구가 적법하지 아니한 경우
㉥ 심사청구의 대상이 되는 처분이 존재하지 않는 경우
㉦ 심사청구의 대상이 되는 처분으로 권리나 이익을 침해 당하지 않는 경우
㉧ 불복의 대리인 요건을 갖추지 못한 자가 대리인으로서 불복을 청구하는 경우

*조세심판관 회의

- 제척 : 심판관으로 참여하면 안된다는 의미(제척된다)
- 회피 : 제척사유가 있으면 조세심판관은 '스스로 회피하여야 한다'
- 기피 : 심판청구인은 제척사유가 있는 경우 해당 심판관의 지정을 '기피를 신청할 수 있다'

참고 : 소액심판청구
① 국세 : 5천만원 미만
② 지방세 : 2천만원 미만

세무조사권 남용 금지

<원칙> 같은 과세기간, 같은 세목에 대하여 재조사 할 수 없다.(중복조사 금지의 원칙)

<예외> 중복조사 금지 원칙의 예외

→ 같은 과세기간, 같은 세목에 대한 재조사가 가능한 사유

① 조세탈루혐의를 인정할만한 명백한 자료가 있는 경우

② 거래상대방에 대한 조사가 필요한 경우

③ 2개 이상의 과세기간과 관련하여 잘못이 있는 경우

④ 불복청구의 인용 결정 중 재조사 결정에 따라 조사하는 경우 또는 과세 전 적부심사에 대한 결정 중 재조사 결정에 따라 조사하는 경우 (결정서 주문에 기재된 범위의 조사에 한정)

⑤ 납세자가 세무공무원에게 직무와 관련하여 금품을 제공하거나 금품제공을 알선한 경우

⑥ 부동산 투기, 매점매석, 무자료거래 등 경제질서 교란 등을 통한 세금 탈루 혐의가 있는 자에 대하여 일제조사를 하는 경우

⑦ 국세환급금의 결정을 위한 확인조사 등을 하는 경우

⑧ 「조세범 처벌절차법」에 따른 조세범칙행위의 혐의를 인정할 만한 명백한 자료가 있는 경우
다만, 조세범칙 조사 심의 위원회가 조세범칙조사의 실시에 관한 심의를 한 결과 혐의가 없다고 의결한 경우 제외

⑨ 부분 세무조사를 실시한 후 해당 조사에 포함되지 아니한 부분에 대하여 조사하는 경우

⑩ 과세관청 외의 기관이 직무상 목적을 위해 작성하거나 취득해 과세관청에 제공한 자료의 처리를 위해 조사하는 경우

세무조사 사유 및 절차

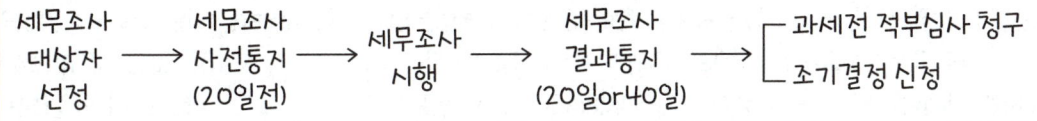

세무조사 대상자 선정 → 세무조사 사전통지 (20일전) → 세무조사 시행 → 세무조사 결과통지 (20일or40일) → ┌ 과세전 적부심사 청구 / └ 조기결정 신청

1. 국세기본법상 세무조사의 종류

(1) 정기선정 세무조사

① 국세청장이 정기적으로 성실도를 분석한 결과 불성실 혐의가 있다고 인정하는 경우(외감법에 따른 감사의견, 회계성실도 등을 고려함)

② 최근 4과세기간 이상 같은 세목의 세무조사를 받지 않은 납세자에 대해 업종·규모 등을 고려하여 신고내용이 적정한지 검증할 필요가 있는 경우

③ 무작위 추출방식으로 표본조사 하는 경우

(2) 수시선정 세무조사 : 명백한 조세탈루(=납세자의 성실성 추정의 예외 사유)

① 납세자가 세법에서 정하는 신고 등 납세협력 의무를 이행하지 않은 경우

② 무자료거래, 위장·가공거래 등 거래내용이 사실과 다른 혐의가 있는 경우

③ 납세자에 대한 구체적인 탈세 제보가 있는 경우

④ 신고내용에 탈루나 오류의 혐의를 인정할 만한 명백한 자료가 있는 경우

⑤ 납세자가 세무공무원에게 직무와 관련하여 금품을 제공하거나 금품 제공을 알선한 경우

(3) (정부부과세목 등의) 결정을 위한 세무조사 : 과세표준과 세액을 결정하기 위함

2. 세무조사 사전통지 : 조사개시 20일 전에 통지 (불복에 따른 재조사 결정의 사전통지는 조사개시 7일전까지)

① 증거인멸의 우려가 있는 경우 사전통지 하지 않음

② 조세범칙조사의 경우에도 세무조사 사전통지는 해야 함

3. 세무조사 결과통지 : 조사 마친 후 20일(공시송달 사유가 있는 경우 40일) 이내

<세무조사 결과 통지의 예외>

㉠ 납세관리인을 정하지 아니하고 국내에 주소 또는 거소를 두지 아니한 경우

㉡ 불복 등의 재조사 결정에 의한 조사를 마친 경우

㉢ 세무조사결과통지서 수령을 거부하거나 회피하는 경우

4. 통합조사 원칙

① <원칙> 사업과 관련하여 신고·납부의무가 있는 세목은 통합조사 원칙

② <예시1> 특정 세목만을 조사할 필요가 있는 경우 특정 세목만 조사 가능

③ <예시2> 필요한 부분에 한정한 부분조사 가능

의미	부분조사(=필요한 부분에 한정한 조사) … ㉠, ㉡ 외의 사유는 2회를 초과하여 실시할 수 없음	
사유	㉠ 경정청구에 대한 처리 또는 국세환급금의 결정을 위하여 확인이 필요한 경우 ㉡ 불복 등의 재조사 결정에 따라 사실관계의 확인 등이 필요한 경우 ㉢ 거래상대방에 대한 세무조사 중에 거래 일부의 확인이 필요한 경우 ㉣ 납세자에 대한 구체적인 탈세 제보가 있는 경우로서 해당 탈세 혐의에 대한 확인이 필요한 경우 ㉤ 명의위장, 차명계좌의 이용을 통하여 세금을 탈루한 혐의에 대한 확인이 필요한 경우	㉥ 법인이 주식 또는 출자지분을 시가보다 높거나 낮은 가액으로 거래하거나 불공정 자본거래로 인하여 해당 법인의 특수관계인인 다른 주주 등에게 이익을 분여하거나 분여받은 구체적인 혐의가 있는 경우로서 해당 혐의에 대한 확인이 필요한 경우 ㉦ 무자료거래, 위장·가공 거래 등 특정 거래 내용이 사실과 다른 구체적인 혐의가 있는 경우로서 조세채권의 확보 등을 위하여 긴급한 조사가 필요한 경우 ㉧ 과세관청 외의 기관이 직무상 목적을 위해 작성하거나 취득하여 과세관청에 제공한 자료의 처리를 위해 조사하는 경우

5. 장부보관 금지

① 세무조사(조세범칙조사 포함)의 목적으로 납세자의 장부등을 세무관서에 임의로 보관할 수 없음

② 단, 수시선정 사유에 해당하는 경우에는 납세자의 동의를 받아 세무관서에 일시 보관 가능

③ 일시 보관하고 있는 장부등에 대하여 납세자가 반환을 요청한 경우 14일 이내에 장부등을 반환하여야 함(단, 필요한 경우 14일의 범위에서 보관 기간 연장 가능)

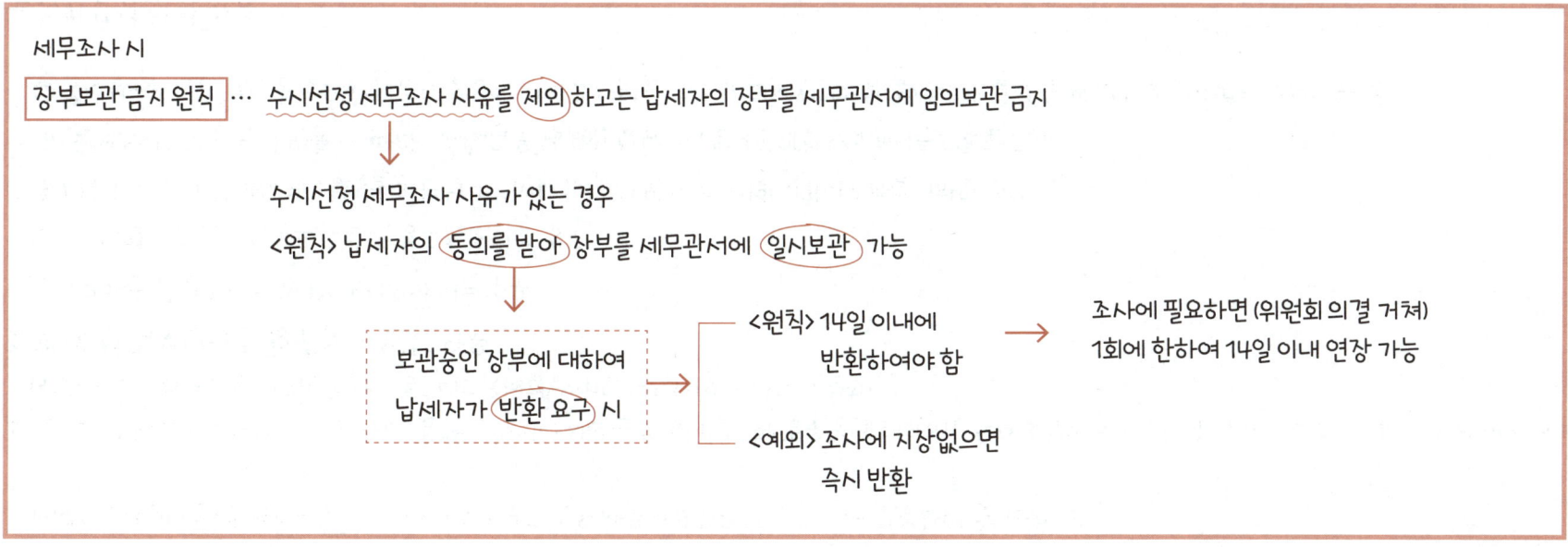

세무조사 시

장부보관 금지 원칙 … 수시선정 세무조사 사유를 제외하고는 납세자의 장부를 세무관서에 임의보관 금지

↓

수시선정 세무조사 사유가 있는 경우

<원칙> 납세자의 동의를 받아 장부를 세무관서에 일시보관 가능

↓

보관중인 장부에 대하여 납세자가 반환 요구 시 →

- <원칙> 14일 이내에 반환하여야 함 → 조사에 필요하면 (위원회 의결 거쳐) 1회에 한하여 14일 이내 연장 가능
- <예외> 조사에 지장없으면 즉시 반환

과세 전 적부심사 청구 제도 (사전적 권리구제 제도)

1. 세무조사 결과에 대한 서면통지나 그 밖의 과세 예고 통지를 받은 자는 통지를 받은 날부터 30일 이내에 통지를 한 세무서장 or 지방국세청장에게 과세전적부심사를 청구할 수 있다. ⟶ 청구를 받은 세무서장 등은 30일 이내에 결정하여 통지해야 함

2. 법령과 관련하여 국세청장의 유권해석을 변경하거나 새로운 해석이 필요한 경우 등에 대해서는 국세청장에게 청구할 수 있다. (참고 : 이의신청은 국세청장에게 신청 못함)
(*청구하고자 하는 금액이 5억원 이상인 경우에도 국세청장에게 과세전적부심사청구 가능함)

★ 3. 과세 전 적부심사를 청구할 수 없는 사유

① 납부기한 전 징수 또는 수시부과 사유가 있는 경우
② 「조세범처벌법」 위반으로 고발 or 통고처분 하는 경우
③ 세무조사 결과 및 과세예고통지를 하는 날 부터 제척기간의 만료일까지의 기간이 3개월 이하인 경우
④ 「국제조세조정에 관한 법률」에 따라 조세조약을 체결한 상대국이 상호합의절차의 개시를 요청한 경우
⑤ 불복청구의 인용 결정 중 필요한 처분의 결정에 따라 조사하는 경우 or 과세전적부심사에 대한 결정 중 재조사 결정에 따라 조사하는 경우

4. 조기결정 신청 가능

세무조사 결과통지 or 과세예고통지 받은 자는
과세전적부심사청구를 하지 않고 조기결정 신청 가능 ⟶ 이 경우 세무서장 등은 즉시 결정이나 경정결정 해야 함

5. 과세전적부심사 청구에 대한 결정

① 청구가 이유없다 : 채택하지 아니한다는 결정
② 청구가 이유있다 : 채택하거나 일부채택하는 결정 (재조사 결정 가능)
③ 청구기간이 지났거나 보정하지 않은 경우 : 심사하지 아니한다는 결정

◇ 참고

감사원의 업무감사 결과에 따라 과세처분한 경우
- 감사원의 소명안내 有 : 과세전적부심사 청구 못함
- 감사원의 소명안내 無 : 국세청장에게 과세전적부심사 청구 가능

보칙

1. 납세관리인

① 국내에 주소 또는 거소를 두지 아니하거나 ② 국외로 주소 또는 거소를 이전할 때 ⟶ 국세에 관한 사항을 처리하기 위하여 납세관리인을 정해야 함

2. 고지금액의 최저한

고지할 국세(인지세 제외) 및 강제징수비를 합친 금액이 1만원 미만일 때에는 그 금액은 없는 것으로 봄(=고지하지 않음)

3. 포상금 지급

1) 포상금 지급 한도 : <원칙> 20억원 <예외> ㉠ 탈세자료 제공자는 40억원 한도 ㉡ 체납자의 은닉재산을 신고한 자는 30억원 한도

2) 포상금을 지급하지 않는 경우

① 탈루세액 등 또는 징수금액 5천만원 미만
② 해외금융계좌 신고의무 불이행 과태료 2천만원 미만
③ 공무원이 직무와 관련하여 자료 제공
④ 신용카드 등 결제 대상 금액 5천원 미만 등

4. 지급명세서 자료 이용

이자소득 및 배당소득에 대한 지급명세서를 상속·증여재산 등 확인에 이용 가능

5. 장부 보관 기간

<원칙> 5년

<예외> 이월결손금 공제를 받은 경우 공제받은 과세기간의 신고기한으로부터 1년

6. 서류접수증 발급

① 과세표준신고서 등, 불복청구서, 제출기한이 정해진 서류에 대해서는 서류접수증 발급의무(단, 우편이나 팩스로 받은 경우와 서류함에 직접 투입하는 경우 예외)

② 국세정보통신망 통해 신고서 등이 제출된 경우 전자적 방법으로 서류접수증 발급 가능

부가가치세법

남정선 세무사의 세법 필기노트

02 부가가치세법

우리나라 부가가치세의 특징

1. 일반소비세
2. 간접세
3. 소비형 부가가치세
4. 소비지국 과세원칙
5. 전단계 세액공제법
6. 다단계 거래세

* 부가가치세 = (일반) 소비세, 간접세, 물세
  └→ 역진성 완화를 위해 면세제도 도입

1. 일반소비세

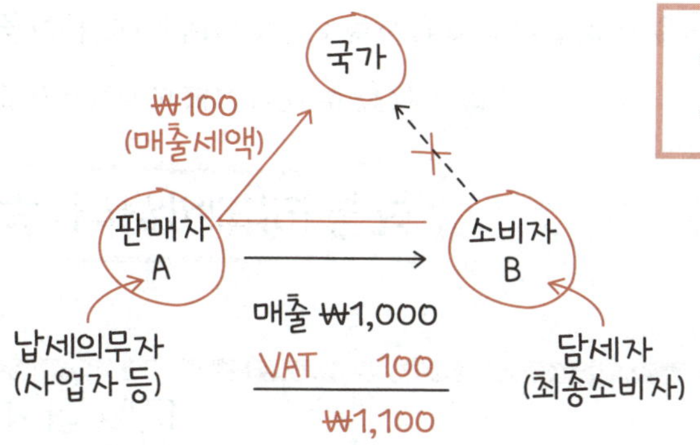

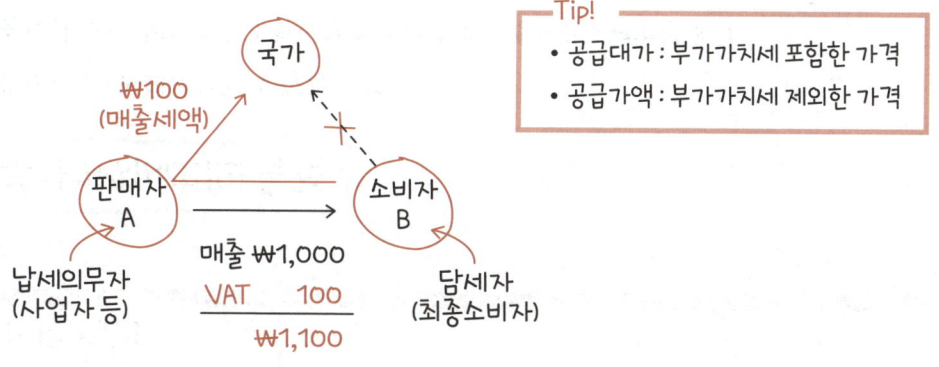

Tip!
- 공급대가 : 부가가치세 포함한 가격
- 공급가액 : 부가가치세 제외한 가격

2. 소비지국 과세원칙

- 재화의 수출시 : 영세율 적용
- 재화의 수입시 : 공급으로 보아 세관장이 VAT 과세

case1.

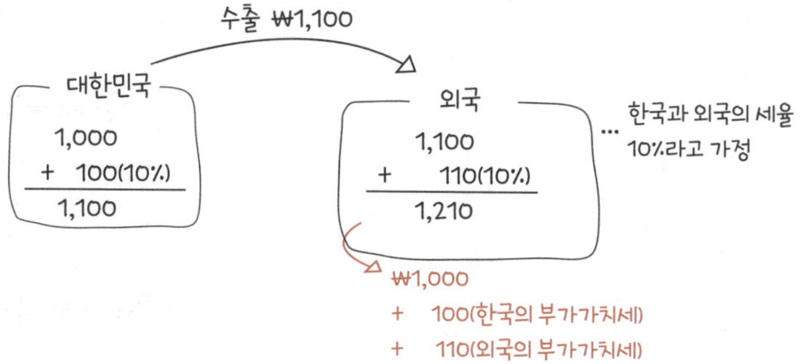

case2.

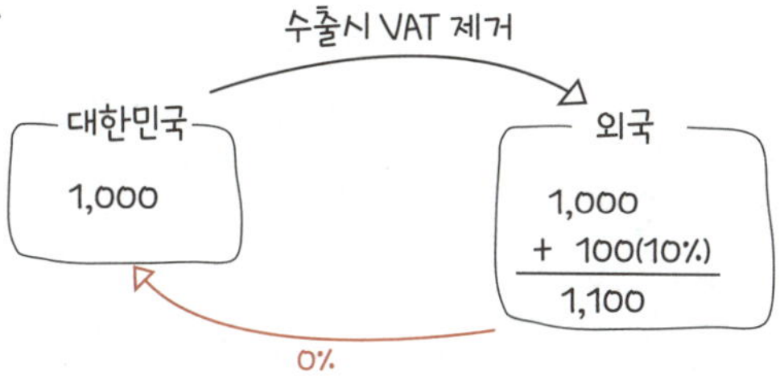

3. 전단계 세액공제법

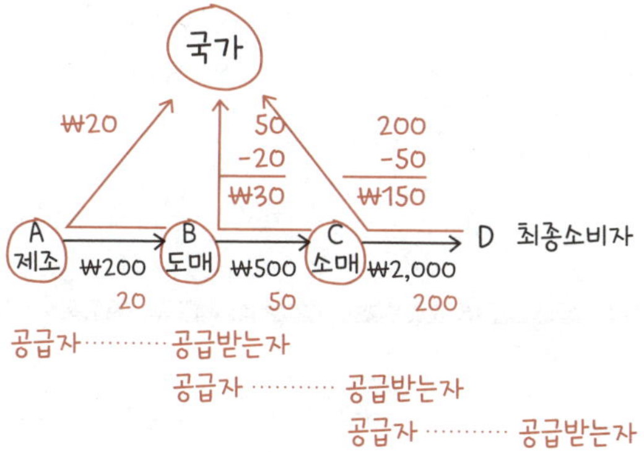

부가가치세법의 목적

1. 부가가치세의 과세요건 및 절차 규정
2. 공정한 과세, 납세의무의 적정한 이행확보 및 재정수입의 원활한 조달

용어의 정의

1. 재화 : 재산가치가 있는 물건 및 권리
2. 용역 : 재화 외에 가치가 있는 모든 역무와 그 밖의 행위(역무 제공+임대)
3. 사업자 : 영리이든 비영리이든 사업상 독립적으로 재화·용역을 공급하는 자
4. 간이과세자 : 직전 연도 공급대가 합계액이 1억 4백만원(부동산임대업 및 과세유흥장소는 4,800만원)에 미달하는 개인사업자
5. 일반과세자 : 간이과세자가 아닌 사업자
6. 과세사업 : 부가가치세가 과세되는 재화 · 용역을 공급하는 사업
7. 면세사업 : 부가가치세가 면제되는 재화 · 용역을 공급하는 사업

◇ 참고

"사업"이란 계속반복적인 것을 의미함

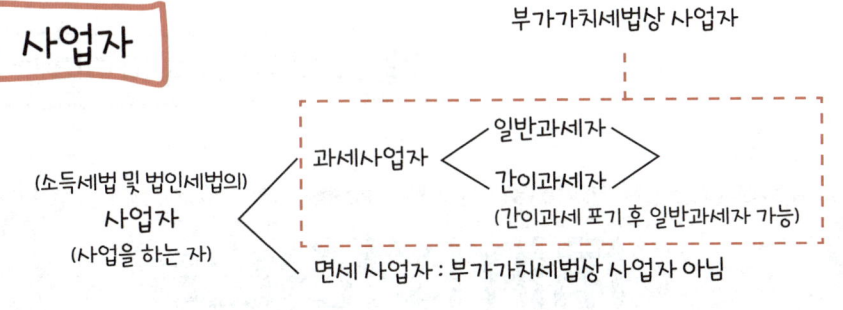

사업자

부가가치세법상 사업자

(소득세법 및 법인세법의) 사업자 (사업을 하는 자)
- 과세사업자
  - 일반과세자
  - 간이과세자
  - (간이과세 포기 후 일반과세자 가능)
- 면세 사업자 : 부가가치세법상 사업자 아님

총칙의 개요

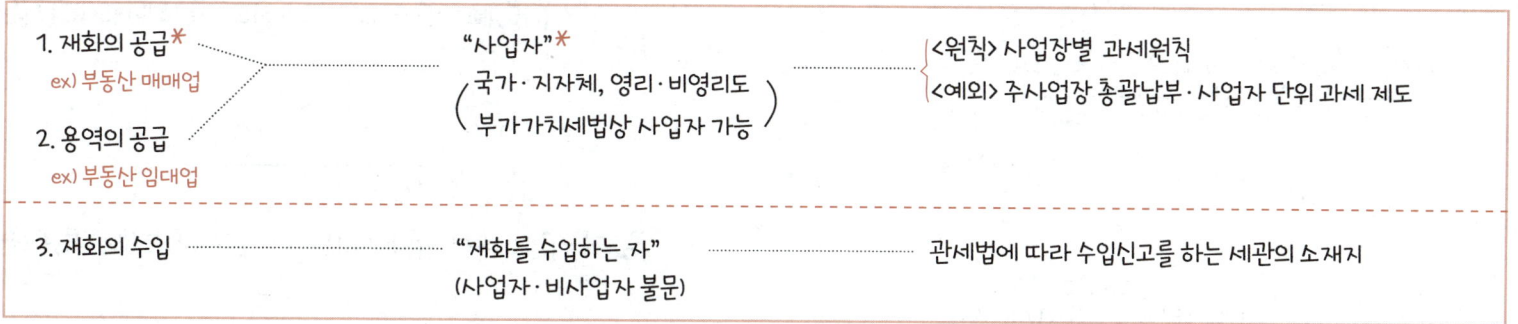

1. 부가가치세 과세 대상	2. 납세의무자	3. 납세지
1. 재화의 공급* ex) 부동산 매매업 2. 용역의 공급 ex) 부동산 임대업	"사업자"* (국가·지자체, 영리·비영리도 부가가치세법상 사업자 가능)	<원칙> 사업장별 과세원칙 <예외> 주사업장 총괄납부·사업자 단위 과세 제도
3. 재화의 수입	"재화를 수입하는 자" (사업자·비사업자 불문)	관세법에 따라 수입신고를 하는 세관의 소재지

*공급 : 대가를 받고 재화·용역 제공

◇ 참고

㉠ 소득세법상 사업자 : 사업소득이 있는 거주자

㉡ 법인세법상 국가·지자체·지자체 조합은 납세의무자가 될 수 없음

재화의 수입

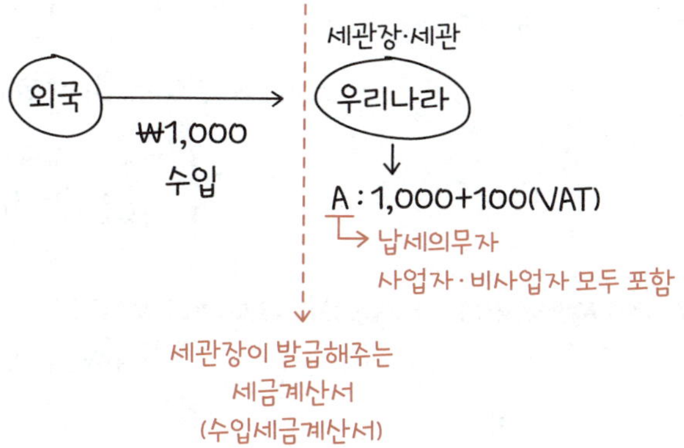

납세지

1. 부가가치세 납세지는 "사업장별 과세 원칙"
   ① 각 사업장의 소재지
   ② 사업장 : 거래의 일부 또는 전부를 하는 고정된 장소
2. 사업장을 두지 아니하면 : 사업자의 주소 or 거소
3. 사업자 단위 과세 사업자 : 본점(주사무소) 소재지(지점은 안됨)
4. 사업장으로 보지 않는 장소
   ㉠ 하치장으로 신고된 장소
   ㉡ 임시사업장(기존사업장에 포함되는 것으로 봄)

과세기간

1. 계속사업자의 과세기간

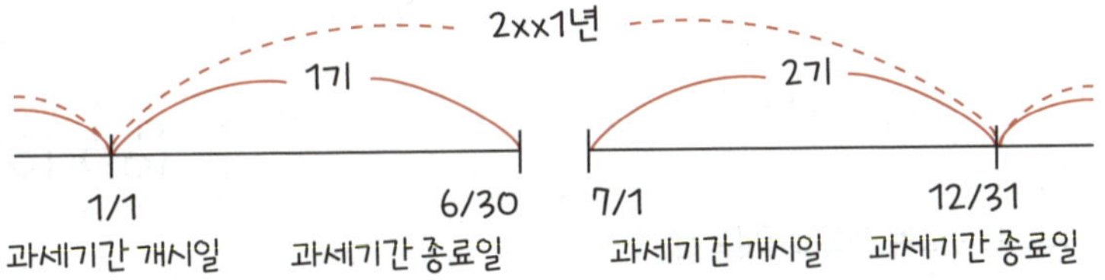

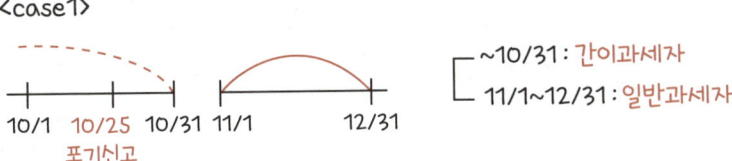

2. 신규사업자의 과세기간 : 사업개시일~과세기간 종료일

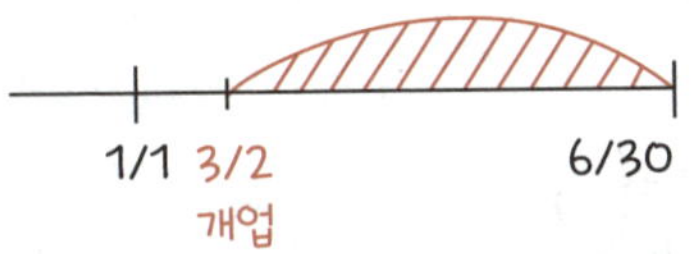

3. 폐업자의 과세기간 : 과세기간 개시일~ 폐업일

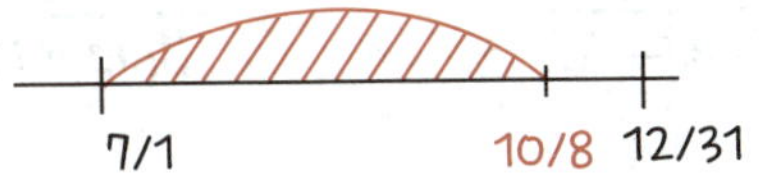

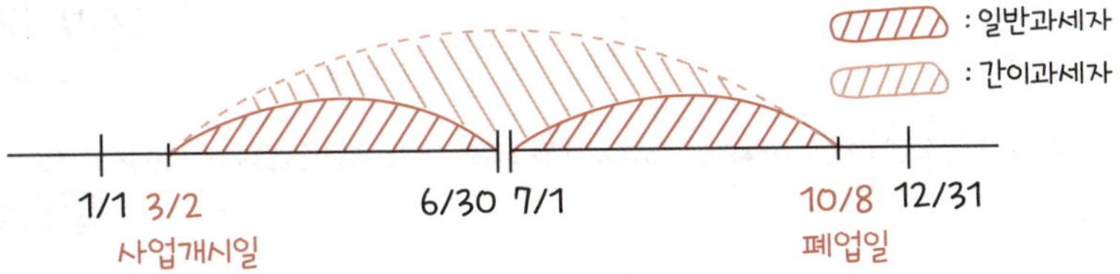

4. 간이과세를 포기한 경우 과세기간

① 포기일이 속하는 달까지 간이과세자

② 포기일이 속하는 달의 다음달 1일부터 일반과세자

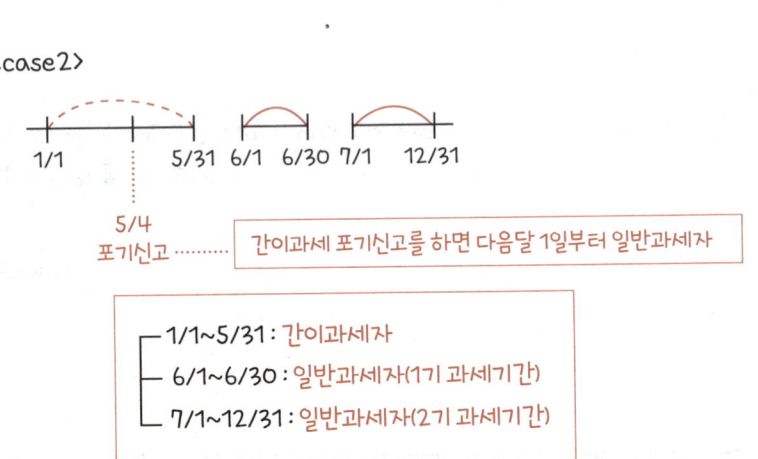

<case1>

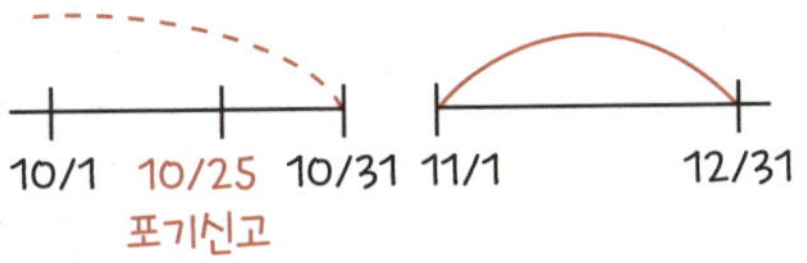

- ~10/31 : 간이과세자
- 11/1~12/31 : 일반과세자

<case2>

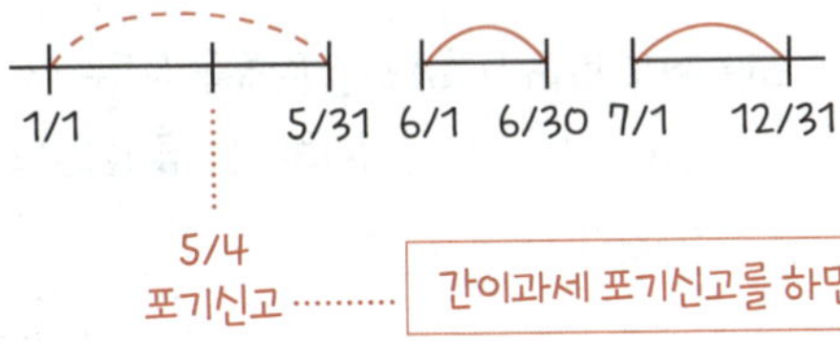

간이과세 포기신고를 하면 다음달 1일부터 일반과세자

- 1/1~5/31 : 간이과세자
- 6/1~6/30 : 일반과세자(1기 과세기간)
- 7/1~12/31 : 일반과세자(2기 과세기간)

5. 과세유형 전환 시 과세기간

① 간이 → 일반

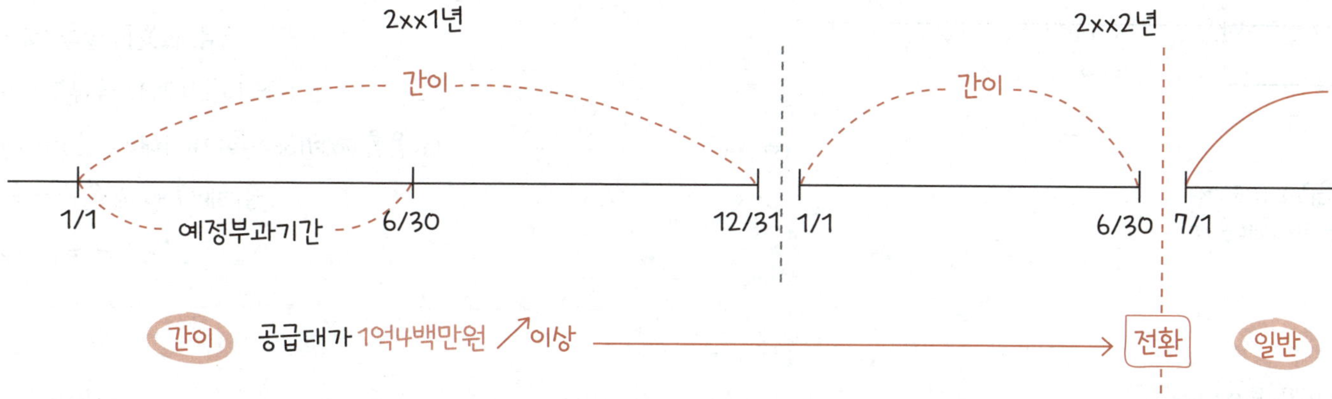

② 일반 → 간이

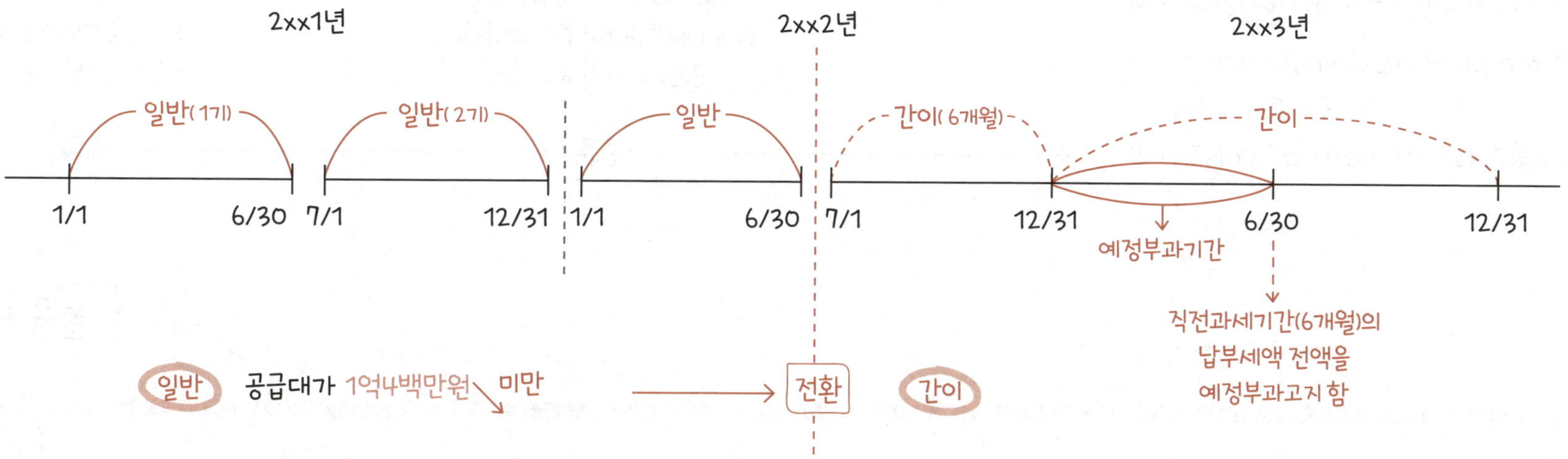

사업자 등록

신청 → **발급** →

신청: 사업개시일부터 20일 이내
(개시 전에도 신청가능)
⇓
개시 후 등록하지 않은 경우
직권 등록 할 수 있다.

발급: 사업장 관할 세무서장은
신청일부터 2일 이내 발급해야 한다.
다만, 현황조사가 필요한 경우
5일 이내 연장 가능

① 사실상 사업을 시작하지 아니할 것을 인정
: 등록 거부할 수 있다.
⇒ 이미 사업개시한 후에는 거부할 수 없다.

② 사업장 단위 사업자 ⟷ 사업자 단위 과세
: 적용받고자 하는 과세기간
개시 20일 전까지 변경신청!

* Tip. 등록 전 매입세액 불공제

<원칙> 사업자 등록 신청 전 매입세액은
매출세액에서 공제하지 아니함(매입세액 불공제)

<예외> 공급시기가 속하는 과세기간이 지난 후
20일 이내에 등록 신청한 경우
⇒ 등록신청일부터 공급시기가 속하는 과세기간의 기산일까지
역산한 기간 이내의 매입세액은 공제함

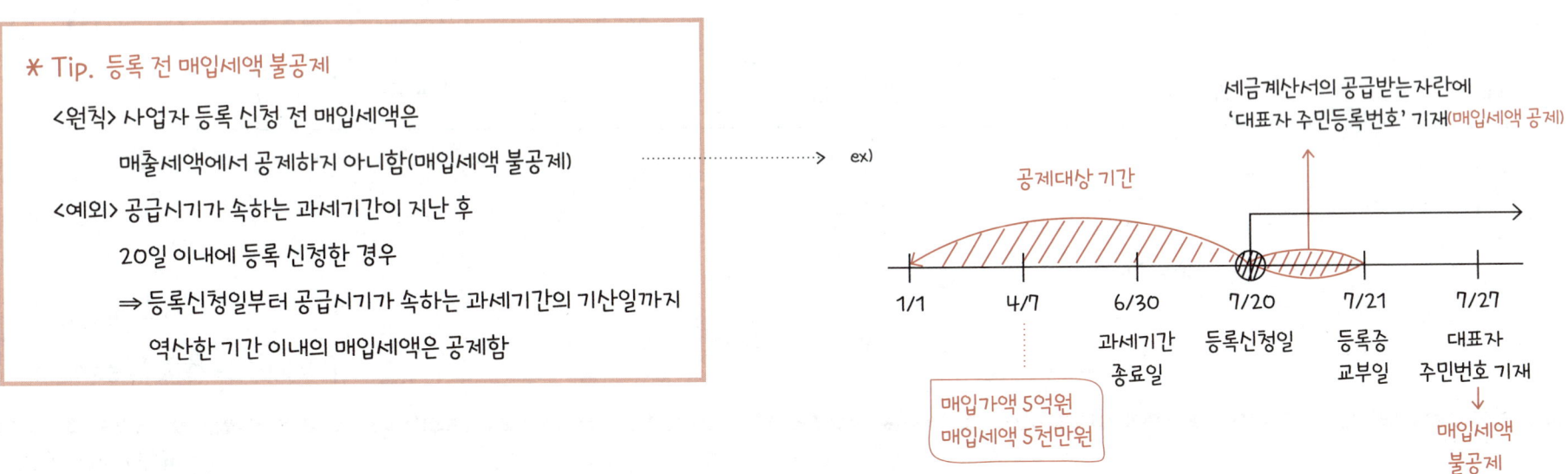

ex)

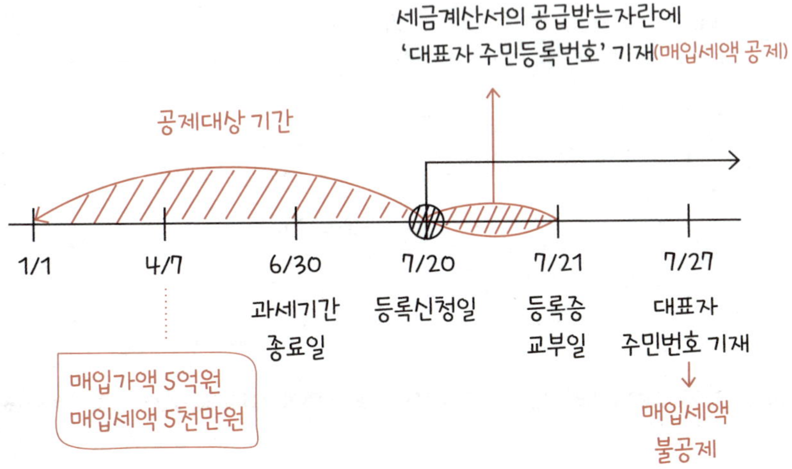

주사업장총괄납부 / 사업자단위과세

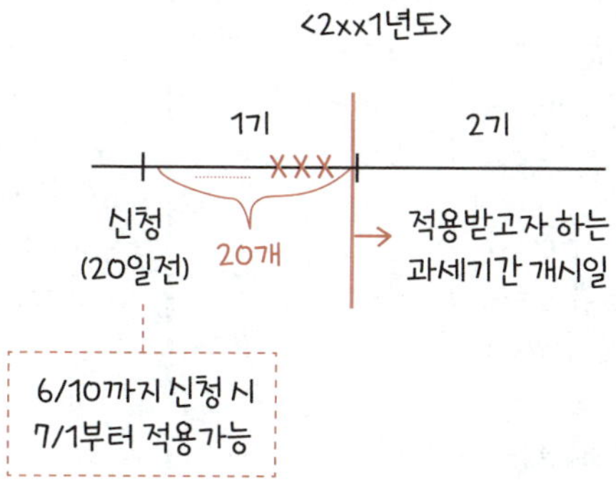

1. 주사업장 총괄납부 : 승인 필요 없음, 포기기간 제한 없음

① 신청
- 계속사업자 : 총괄납부 하려는 과세기간 개시 20일 전까지 신청
- 신규사업자 : 주사업장의 사업자 등록증을 받은 날부터 20일 이내 신청

② 주된 사업장의 범위
- 법인 : 본점(주사무소) 또는 지점(분사무소)
- 개인 : 주사무소

③ 효과 : 납부·환급만 주된 사업장, 그 외의 업무는 각각의 사업장별로 해야 함

④ 포기 : 각 사업장별로 납부하려는 과세기간 개시 20일 전까지 포기신고서 제출

2. 사업자단위 과세제도 : 승인 필요 없음, 포기기간 제한 없음

① 신청 : 사업장이 둘 이상인 사업자는 사업자 단위로 등록을 신청할 수 있다.

사업장 단위로 등록한 사업자가 사업자 단위 과세사업자로 변경하려면 적용받으려는 과세기간 개시 20일 전까지 신청

② 주사업장의 범위 : 본점(주사무소)만 가능

③ 효과 : 모든 업무를 본점(주사무소)에서 처리 (사업자등록, 신고, 납부, 환급, 결정 및 경정, 세금계산서 발급 등)

④ 포기 : 각 사업장 별로 납부하거나 주사업장 총괄납부하려는 과세기간 개시 20일 전까지 포기신고서 제출

<2019년 개정세법>

- 사업장이 하나이나 추가로 사업장을 개설하려는 사업자도 주사업장 총괄납부 및 사업자 단위 과세 사업자로 신청 가능

⇒ 추가사업장 사업개시일부터 20일 이내에 총괄납부 신청 또는 변경 등록 신청해야 함
(추가사업장 사업개시일이 속하는 과세기간 이내로 한정)

과세거래

1. 재화의 공급 (재산가치가 있는 물건·권리)
   - 실질공급
     - 계약상 원인 : 현물출자·교환거래·가공계약 등 (자발적 판매) → 각 물건의 시가 10%
     - 법률상 원인 : 경매·공매·수용 <원칙> 재화의 공급
       <예외> 「~법」에 의한 경매·공매·수용은 재화의 공급으로 보지 않는다.
   - 간주공급
     - 자가공급
       - 면세전용 재화
       - 개별소비세 과세대상 자동차와 그 유지를 위한 재화(구입·유지) (업무용 승용차) (배기량 1,000cc초과, 8인승 이하 승용차)
       - 직매장 반출(판매목적 타 사업장 반출)
         1. 당초 매입세액 공제와 관련없이 공급으로 본다.
         2. 세금계산서 <원칙> 발급해야 함
            <예외> ① 사업자 단위 과세사업자 & ② 주사업장 총괄납부 적용시 → 공급으로 보지 않음(세금계산서 발급x)
            <②의 예외> 주사업장 총괄납부사업자가 세금계산서를 발급·신고한 경우 ⇒ 재화의 공급으로 본다.

         ex)

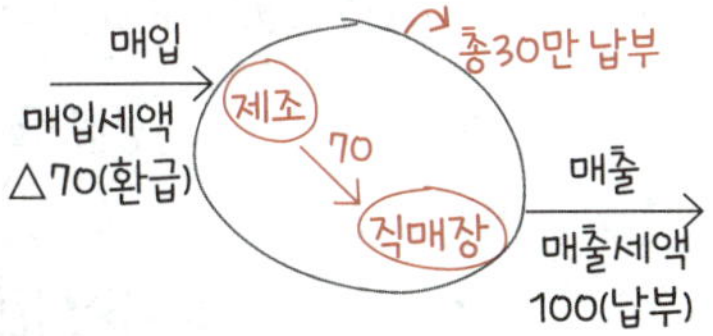

     - 개인적 공급
     - 사업상 증여
     - 폐업시 잔존재화

① 당초 매입세액이 공제된 경우에만 간주공급으로 봄

- ㉠ 해당 사업자가 공제받은 것
- ㉡ 사업양도인이 공제받은 것(교재참고)
- ㉢ 내국신용장 등에 의한 영세율 매입

② 세금계산서 발급 대상 아님

* 개인적 공급으로 보지않는 경우(과세 대상 아님) (2024년 개정)
① 작업복, 작업모, 작업화, 직장체육비, 직장문화비
② 사용인 1명당 각 항목별로 10만원 이내의 금액
㉠ 경조사로 지급하는 재화
㉡ 추석선물과 설날선물로 제공하는 재화
㉢ 창립기념일과 사용인 생일 선물로 제공하는 재화

* 사업상 증여로 보지 않는 경우
① 대가를받지 않고 지급하는 견본품
② 특별재난지역에 공급하는물품
③ 자기적립마일리지로만 전부 결제한 경우
④ 부수재화인 증정품 등

- 교환거래: A —재화→ B, B —재화→ A
- 현물출자: A(개인 사업자) —재화→ B(회사), B —주식→ A

★ 재화의 공급으로 보지 않는 거래

1. 조세의 물납 ex) 상속세
   세금계산서 발급불가
2. 「~법」에 의한 경매·공매·수용
3. 담보 제공
4. 사업의 포괄적 양도
   (단, 사업양수인이 대리납부한 경우 제외)
5. 신탁재산의 소유권 이전 중 위탁자로부터 수탁자에게 이전하는 것 등
6. 조달청장 및 런던금속거래소의 창고증권 양도로서 임차물 반환 X

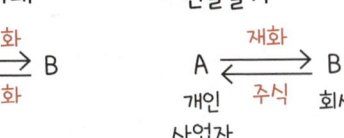

<원칙> 창고증권의 양도 : 과세거래
<예외> 조달청장 등이 발행하는 창고증권으로서 임치물 반환 X → 과세대상 X

2. 용역의 공급 : 실지공급만 과세

> *부동산매매업 : 재화의 공급
> 부동산임대업 : 용역의 공급

	VAT 과세여부
재화의 무상공급	O
재화의 간주공급	O
용역의 무상공급	X
용역의 간주공급	X

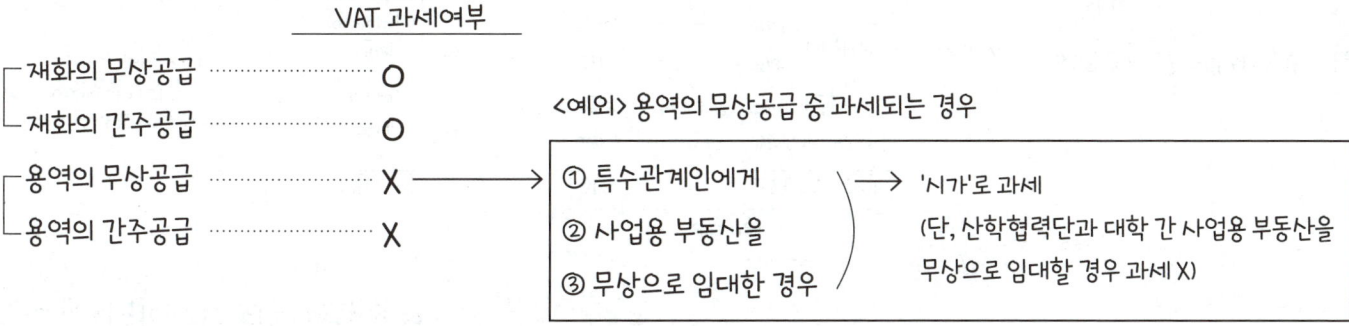

<예외> 용역의 무상공급 중 과세되는 경우

① 특수관계인에게
② 사업용 부동산을
③ 무상으로 임대한 경우
→ '시가'로 과세
(단, 산학협력단과 대학 간 사업용 부동산을 무상으로 임대할 경우 과세 X)

★ 저가공급
- 재화의 저가공급
  - 거래상대방이 특수관계인 : 시가
  - 거래상대방이 특수관계인이 아님 : 실제 거래가액(저가공급액)
- 용역의 저가공급 : 재화의 저가공급과 동일

① 가공계약
- 주된 재료의 전부 또는 일부를 가공업자가 부담 : 재화의 공급 … (공급시기 : 인도일)
- 주된 재료를 전혀 부담하지 않음 : 용역의 공급 … (공급시기 : 가공 완료일)

② 건설공사
- 주된 자재의 전부 또는 일부를 부담
- 주된 자재를 전혀 부담하지 않음

⇒ 무조건 용역의 공급

3. 재화의 수입 : ① 외국에서 들어온 물품 and 수입신고 수리되기 전의 것

② 수출신고 수리된 내국물품으로서 선적 완료된 것의 국내 반입(선적이 완료되지 않은 것은 수입으로 보지 않음)

부수재화 및 부수용역의 공급

: 부수재화 또는 용역의 과세·면세 여부 판단

1. 주된 거래에 부수되어 공급되는 재화 또는 용역 : 독립된 거래로 보지 않음.

ex) 하이마트가 컴퓨터 판매

주된 거래	부수거래: 원래	부수거래: 과세·면세 판단
① 대가에 통상적으로 포함 (ex. CD(+책자)): 과세	과세	과세
	면세	과세
① 대가에 통상적으로 포함: 면세	과세	면세
	면세	면세
② 거래의 관행상 함께 거래 (ex. 피아노(+피아노의자)): 과세	과세	과세
	면세	과세
② 거래의 관행상 함께 거래: 면세	과세	면세
	면세	면세

ex)

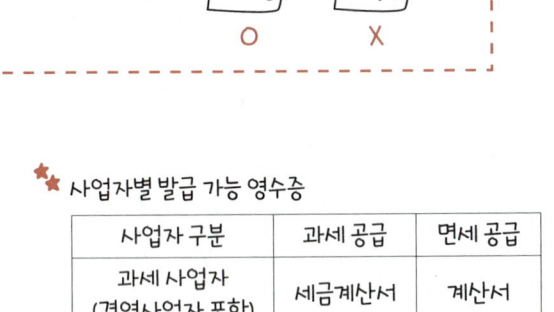

→ 주된 거래의 부수재화
- 흰우유 : 면세 1,000
- 우유팩+빨대 : 과세 500
  VAT 50

⇓

1,500 / 0	1,500 / 50
O	X

2. 주된 사업에 부수되는 재화·용역 : 독립된 거래로 봄

ex) 하이마트가 사용하던 건물 매각

부수거래 → 독립된 거래이므로(부수거래) 본래의 성격에 따라 판단하는 것이 원칙

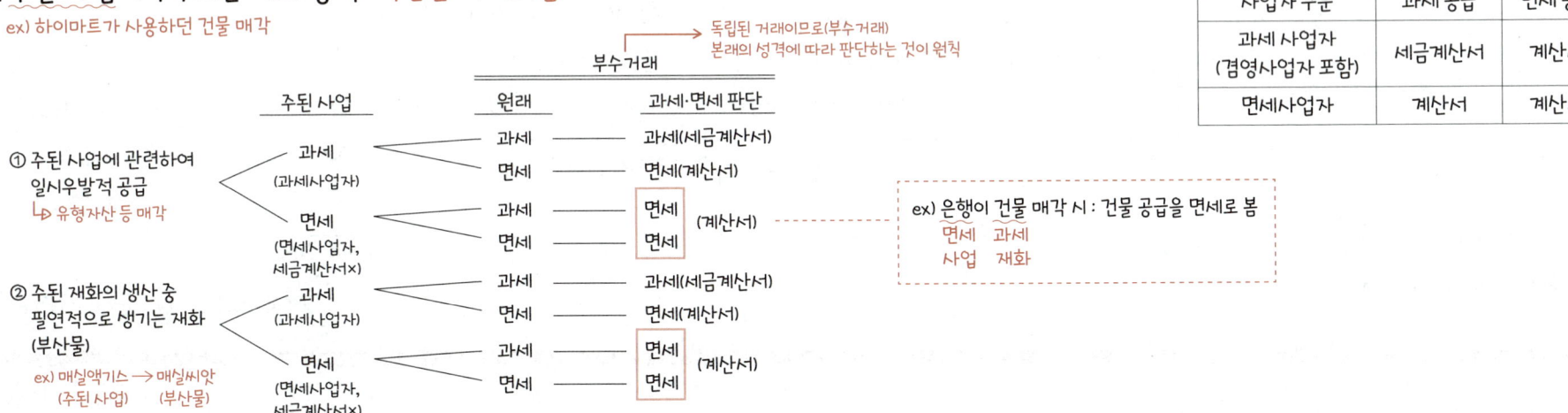

주된 사업	부수거래: 원래	부수거래: 과세·면세 판단
① 주된 사업에 관련하여 일시우발적 공급 (↳ 유형자산 등 매각): 과세 (과세사업자)	과세	과세(세금계산서)
	면세	면세(계산서)
① 면세 (면세사업자, 세금계산서×)	과세	면세 (계산서)
	면세	면세 (계산서)
② 주된 재화의 생산 중 필연적으로 생기는 재화(부산물) (ex) 매실액기스(주된 사업) → 매실씨앗(부산물)): 과세 (과세사업자)	과세	과세(세금계산서)
	면세	면세(계산서)
② 면세 (면세사업자, 세금계산서×)	과세	면세 (계산서)
	면세	면세 (계산서)

ex) 은행이 건물 매각 시 : 건물 공급을 면세로 봄
(은행: 면세 사업, 건물: 과세 재화)

★ 사업자별 발급 가능 영수증

사업자 구분	과세 공급	면세 공급
과세 사업자 (겸영사업자 포함)	세금계산서	계산서
면세사업자	계산서	계산서

재화의 공급시기

(세금계산서의 발급시기 = 작성연월일 = 재화의 공급시기 ⇒ 과세기간을 결정함)

<원칙>
① 재화의 이동이 필요한 경우 : 인도일
② 재화의 이동이 필요하지 않은 경우 : 이용가능하게 되는 때
③ 위 규정을 적용할 수 없는 경우 : 재화의 공급이 확정되는 때

ex)		공급시기
부동산 매매업 : 재화의 공급	…	인도일
부동산 임대업 : 용역의 공급	…	역무제공완료일 or 사용일

<위탁매매의 공급시기> 수탁자가 제3자에게 인도하는 때

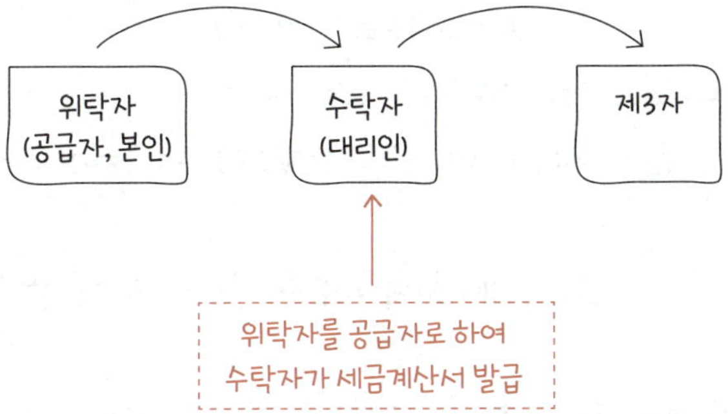

<할부판매의 공급시기> 인도일(장기할부판매 제외)

ex) 2xx1. 8. 1. 인도. 공급가액 1,000만원이고 매월 말 100만원씩 수령(10개월)

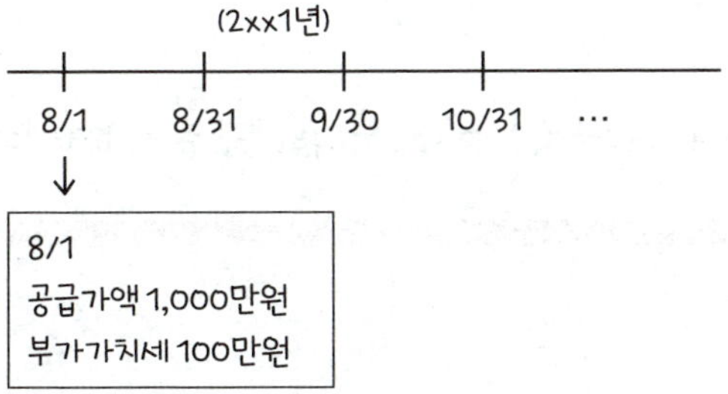

★Tip!

세금계산서의 필요적 기재사항
1. 공급자의 등록번호, 성명 or 명칭
2. 공급받는 자의 등록번호
3. 작성연월일
4. 공급가액, 세액

→ 누락되거나 오류가 있는 경우
- 공급자 : 세금계산서 부실기재 가산세(1%)
- 공급받는 자 : 매입세액 불공제

◇ 참고 : 할부판매와 장기할부판매

세법상 '할부판매'란 '장기할부판매' 외의 할부판매로서 단기할부판매를 의미함

<장기할부판매 등의 공급시기> : 대가의 각 부분을 '받기로' 한 때('받은때' 아님)

① 장기할부판매

② 중간 지급 조건부 판매

③ 완성도 기준 지급 조건부 판매

④ 계속적 공급(전력이나 그 밖에 공급단위를 구획할 수 없는 재화를 계속적으로 공급)

암기 Tip!

- 무인판매기 : 현금을 꺼내는 때
- 수입재화 : 수입신고 수리일
- 간주임대료, 둘이상의 과세기간에 걸쳐 임대료 수령, 헬스이용권, 상표권 등 : 예정신고기간 or 과세기간 종료일
- 폐업일 이후 공급시기 도래 시 : 폐업일

장기할부판매와 중간지급조건부 판매의 구분

① 장기할부판매 ㉠ 2회이상 분할하여 대가를 수령

㉡ 인도일의 다음날부터 최종 부불금 지급기일까지 기간이 1년 이상인 것

㉢ 인도가 먼저 일어남

ex) 2xx1. 8. 1. 인도, 공급가액 1,000만원, 매 분기 말 200만원 수령

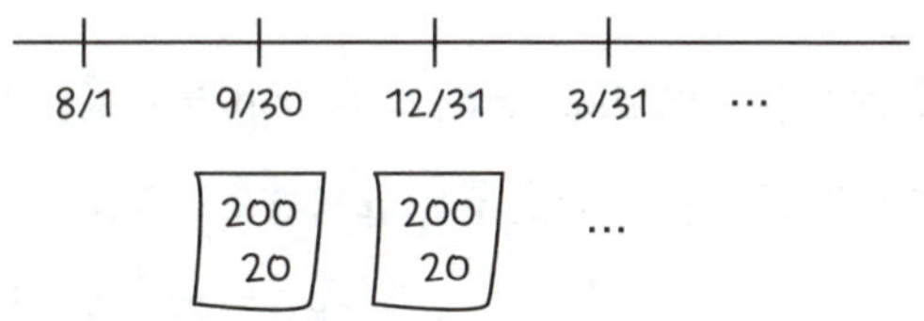

② 중간지급 조건부 ㉠ 계약금 외의 대가를 분할하여 수령(즉, 3회 이상 대가 분할)

㉡ 계약금 지급일의 다음날부터 인도일까지의 기간이 6개월 이상인 것

㉢ 인도가 가장 마지막에 일어남

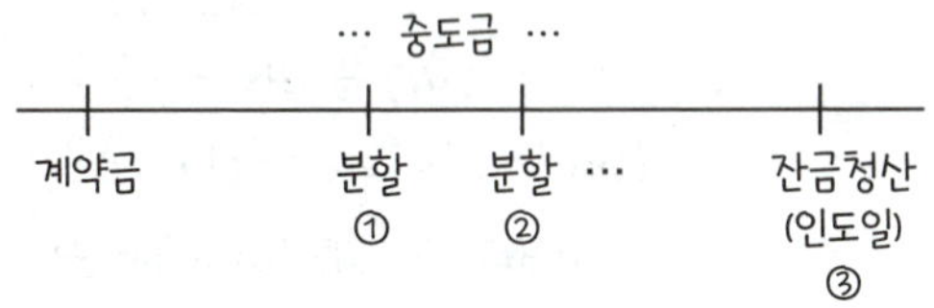

<간주공급의 공급시기>

1. 면세전용재화, 개별소비세 과세대상 자동차와 그 유지를 위한 재화, 개인적 공급 : 재화를 사용하거나 소비하는 때

2. 판매목적 타사업장 반출 : 재화를 반출하는 때

3. 사업상 증여 : 재화를 증여하는 때

4. 폐업 시 잔존재화 : 폐업일 ··· ex)

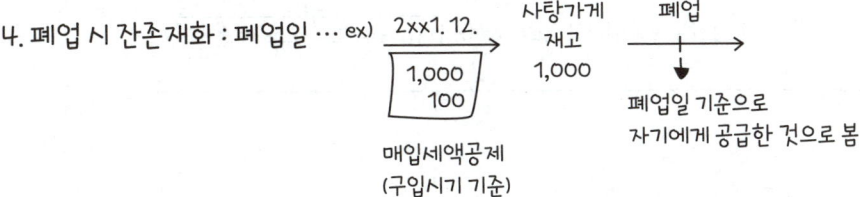

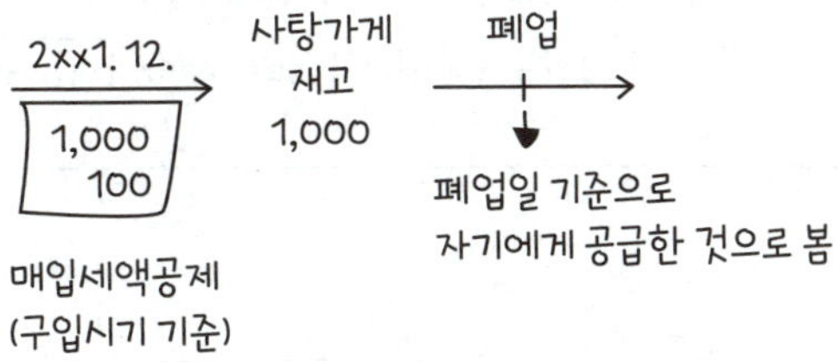

★ 암기 Tip!

수출재화의 공급시기

① 직수출·중계무역수출 : 선적일

② 외국인도수출·위탁가공무역 등 : 인도일

③ 위 이외 : 공급 확정

2. 용역의 공급시기

<원칙> ① 역무 제공 완료일 ② 시설물, 권리 등 재화가 사용되는 때

<장기할부조건 등> : 대가의 각 부분을 받기로 한 때('받은 때'아님)

<부동산 임대용역> : 예정신고기간 또는 과세기간의 종료일

1. 간주임대료(=보증금에 대한 이자상당액)

2. 2과세기간 이상에 걸쳐 부동산 임대용역을 공급하고 임대료를 선불 또는 후불로 받은 경우(초월 산입, 말월 불산입)

ex)

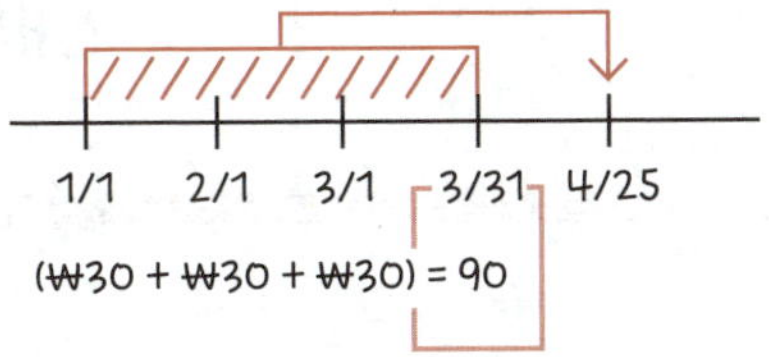

cf. 폐업시 : 폐업일을 작성연월일로 하여 세금계산서 발급

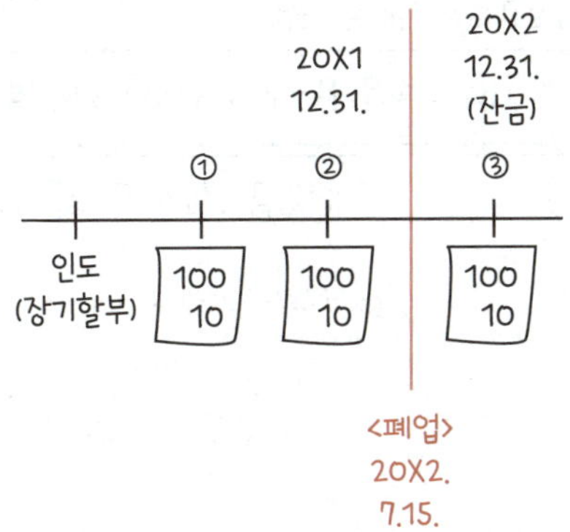

③의 거래에 대한 세금계산서를 폐업일인 20X2. 7. 15에 발급해야 함

영세율과 면세 개요

★ 부가가치세는 물세이다 → 역진성, 개개인의 인적사정 고려X … 역진성 완화 방법
- 저소득층 … 면세 제도
- 고소득층 … 개별소비세(사치성 재산)

	영세율(완전면세)	면세(불완전면세, 부분면세)
취지	이중과세 방지, 소비지국 과세원칙, 수출지원 목적	부가가치세의 역진성 완화(최종소비자의 세부담 감소 목적)
적용 대상	1. 수출재화(내국신용장에 의한 공급 포함) 2. 국외제공용역 3. 외국항행용역(국제운송용역 포함) 4. 기타외화 획득 용역	1. 미가공 농·축·수·임산물 — ·식용 : 국내산·수입산 모두 면세 / ·비식용 : 국내산만 면세 2. 주택임대용역 3. 혈액, 도서, 의료, 교육(인허가 받은 것) 4. 문화예술관련 5. 국가가 제공하는 재화·용역 6. 국가 등에 무상으로 제공하는 재화·용역 등
	• 영세율 사업자 : 과세사업자 → 부가가치세법상 사업자 부가가치세법상 모든 의무 부담 → 부가가치세 신고함 → 매입세액 공제 일반 : 영세율 가능, 환급가능 간이 : 영세율 가능, 환급X → 간이과세 포기가능	• 면세 사업자 — 소득세·법인세법상 사업자, 소득세법상 사업장 현황 신고 (다음연도 2/10까지) 면세 사업자는 부가가치세법상 사업자 아님 <원칙> 부가가치세법상 의무 없음(신고, 납부 못함) 단, 두가지 의무 부담 ① 매입처별 세금계산서합계표 제출 의무 ② 대리납무의무 매입세액 공제 및 환급 불가

영세율

1 수출재화

1. 직수출
2. 국내에서 계약 & 대가수령이 이루어지는 ① 중계무역수출 ② 외국인도수출 ③ 위탁가공무역 ④ 위탁판매수출 등
3. 내국신용장에 의한 공급
   (1) 내국신용장 개설 후 공급
   (2) 내국신용장 사후 개설(재화가 먼저 인도된 후 내국 신용장이 나중에 개설)
   : 재화의 공급시기가 속하는 과세기간 종료 후 25일 이내 개설 → 0% 적용

ex) 재화의 인도일 : 5/22

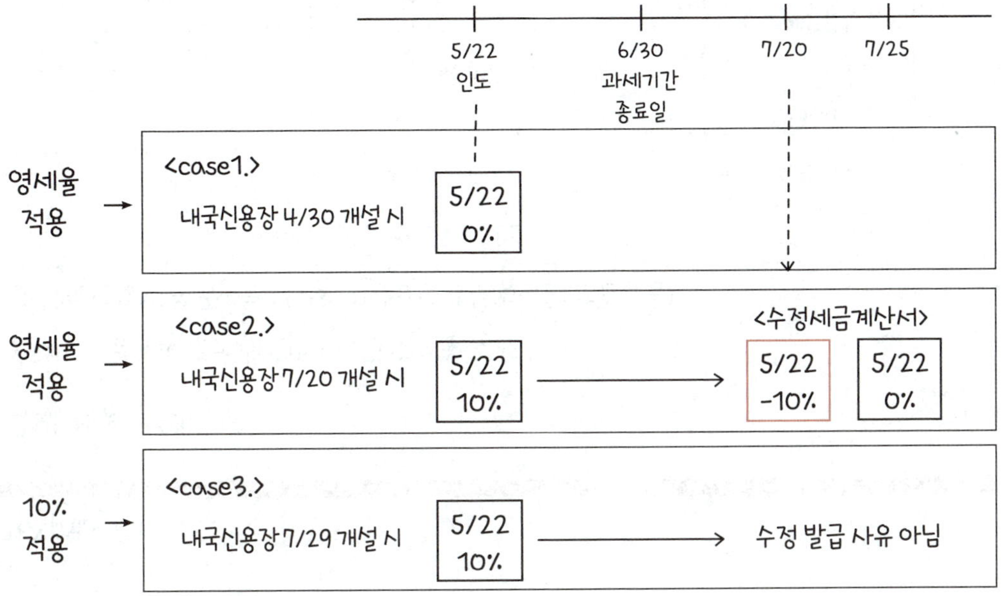

Tip!
수출대행업자의
수출대행수수료는
영세율 적용 대상 아님

Tip!
첨부서류(=영세율 증명서류)는
예정신고 또는 확정신고 시 제출

*영세율 대상 거래는 원칙적으로 세금계산서 발급 의무 면제됨
<예외> 다음의 거래는 세금계산서 발급해야 함
① 수출 재화 중 국내에서 구입한 원료를 대가없이 국외수탁가공사업자에게 반출하여 가공된 재화를 양도하는 경우에 그 원료의 반출
② 내국신용장·구매확인서에 의하여 공급하는 재화
③ 한국국제협력단, 한국국제보건의료재단 및 대한적십자사에 공급하는 재화
④ 수출업자와 직접 도급계약을 맺은 수출재화 임가공용역 등

2 국외 제공 용역

용역의 제공장소가 국외이기만 하면 영세율 적용

(거래상대방이 누구이든 대가의 지급방법이 무엇이든 상관없음)

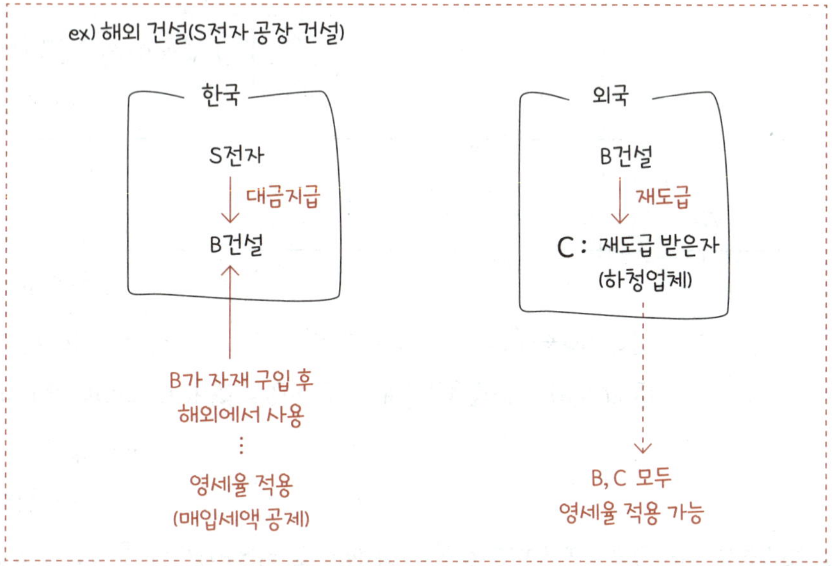

3 외국 항행 용역

선박 또는 항공기에 의한 외국항행 용역의 공급에는 영세율 적용

① 국내 ⟷ 국내(×)

② 국내 ⟷ 국외(O)

③ 국외 ⟷ 국외(O)

4 기타 외화 획득 재화·용역

① 국내에서 비거주자 또는 외국법인에게 공급하는 특정 재화·용역

② 외국공관, 외교관, 외항선박 등에 공급하는 재화·용역

③ 외국인 관광객에게 공급하는 관광알선용역과 기념품

④ 외국인 전용 판매장 및 유흥 음식점을 영위하는 사업자

⑤ 수출업자(A)와 직접 도급계약을 한 수출재화 임가공 용역(B) 등

ex)

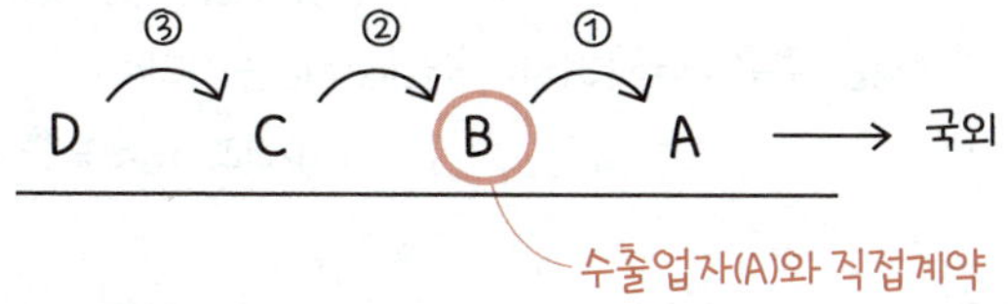

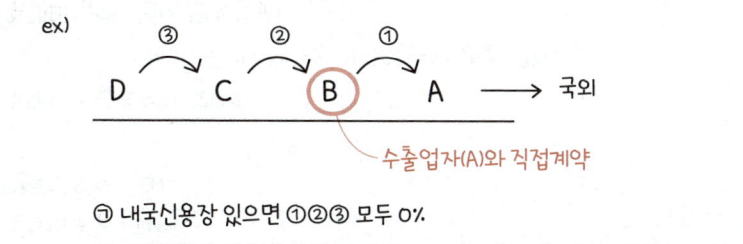

㉠ 내국신용장 있으면 ①②③ 모두 0%

㉡ 내국신용장 없으면 ①만 0% (단, B가 영세율 세금계산서 발급해야 함)

◇ 참고

수출업자와 직접 도급계약을 하고 공급하는 수출재화임가공용역은

세금계산서 발급의무가 있으며

영세율 세금계산서 발급시에는 영세율을 적용하고 부가가치세 별도로 기재된 세금계산서를 발급시에는 영세율을 적용하지 않음

면세

1 토지의 공급과 주택임대 용역

- 토지의 공급 : 면세
- 토지의 임대 : 과세
  - <예외> 주택부수토지의 임대 : 면세 ·········

◇ 참고 : 주택부수토지
- 도시지역 : 바닥면적×5배
- 도시지역 외 : 바닥면적×10배

- 건물의 공급 : 과세
- 건물의 임대 : 과세

- 주택의 공급 <원칙> 과세
  - <예외> 국민주택규모 이하의 주택 공급 : 면세
- 주택의 임대 : 면세(면적불문)
  - 단, 겸용주택(상가+주택) 임대의 경우
    - ① 주택연면적 > 상가연면적 : 전부 주택 (면세)
    - ② 주택연면적 ≤ 상가연면적 : 주택은 주택(면세), 상가는 상가(과세)

<사례>

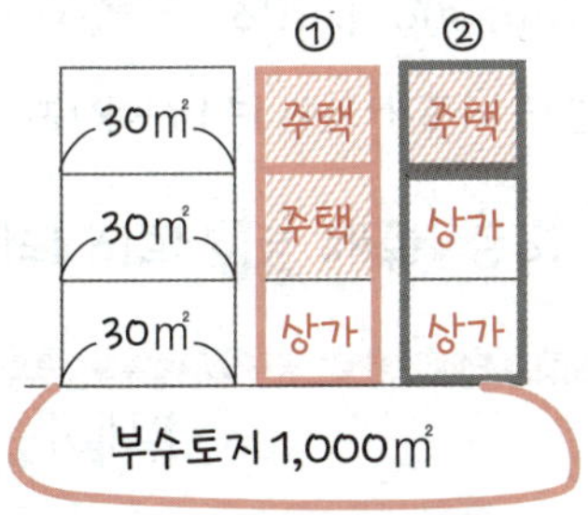

① 주택(60) > 상가(30) : 전부 주택
- 건축물 전체 임대료 : 면세(90㎡)
- 토지부분
  - 주택부수토지의 임대 : 면세 30㎡×5배=150㎡
  - 위 이외 토지 : 과세 1,000㎡−150㎡=850㎡

② 주택(30) ≤ 상가(60)
- 건축물 (90㎡)
  - 주택 30㎡ : 면세
  - 상가 60㎡ : 과세
- 부수토지
  - 주택부수토지 : 면세 $(30㎡ \times \frac{30}{90}) \times 5배 = 50㎡$
  - 위 이외 토지 : 과세 1,000㎡−50㎡=950㎡

2 여객운송용역

<원칙> 면세 : 시내버스, 일반시외버스 등 …

<예외> 과세 : 항공기, 시외우등고속버스, 시외고급고속버스, 전세버스, 택시, 유람선, KTX 등 …

→ 세금계산서 발급 불가

단, 전세버스는 공급받는자가 요구시 세금계산서 발급가능

3 의료보건 용역과 혈액(치료.예방.진단목적의 동물 혈액 포함)

① 성형
- 치료목적 : 면세 ex. 교통사고 후 복원 성형 등
- 미용목적 : 과세 ex. 피부 미백술 등

② 수의사 제공 용역
- 장애인 보조견, 가축진료 등 : 면세
- 애완견 식품판매 등 : 과세

③ 약사의 조제용역 : 면세

4 교육용역
- 인·허가 또는 등록·신고 된 교육용역 : 면세. 단, 무허가·무신고 등은 과세
- 무도학원, 자동차 운전학원 : 과세

5 국가 등이 공급하는 재화·용역 & 국가 등에 무상으로 공급하는 재화·용역

↳ 유상으로 공급하는 경우 과세

↓

<원칙> 면세

<예외> 과세

① 우체국 택배, 우편주문판매 대행 용역

② 고속철도

③ 식당·숙박 등(단, 군인 등에게 제공하는 경우 면세되는 경우 있음)

↓

군인에게 제공하더라도 골프연습장 운영업은 과세

*면세 포기 대상

1. 영세율 적용 대상인 재화·용역
2. 학술연구 단체나 기술연구 단체가 학술연구나 기술연구와 관련하여 실비 또는 무상으로 공급하는 재화·용역

→ 면세 포기 후 3년 후 재적용 가능(단, 재적용 신고 해야 함)

대리납부

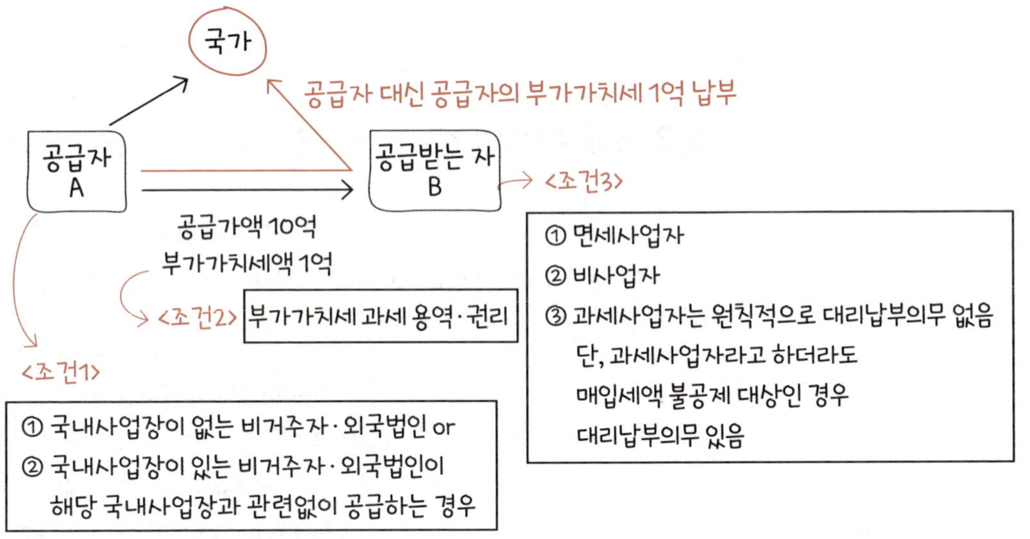

* 사업의 양도 : 부가가치세법상 공급 X
  단, 양수인이 대가를 지급하는 때
  양도인으로부터 부가가치세를 징수하여
  대가를 지급하는 날이 속하는 달의
  다음달 25일까지 대리납부하는 경우에는
  재화의 공급으로 본다.
  ↓
  (공급받는 자인)
  대리납부한 사업양수인은
  매입세액 공제 가능하다.

★ 암기 Tip!

*위탁매입의 경우 : 공급자가 위탁자를 공급받는자로 하여 세금계산서 발급
* 위탁판매의 경우 : 수탁자가 위탁자를 공급자로 하여 세금계산서 발급

세금계산서

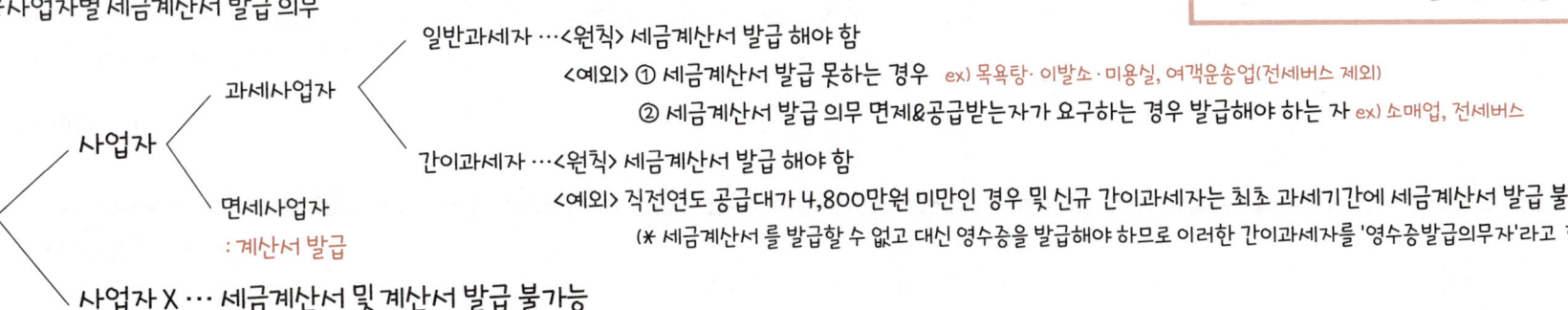

*사업자별 세금계산서 발급 의무

- 사업자
  - 과세사업자
    - 일반과세자 …<원칙> 세금계산서 발급 해야 함
      <예외> ① 세금계산서 발급 못하는 경우 ex) 목욕탕·이발소·미용실, 여객운송업(전세버스 제외)
      ② 세금계산서 발급 의무 면제&공급받는자가 요구하는 경우 발급해야 하는 자 ex) 소매업, 전세버스
    - 간이과세자 …<원칙> 세금계산서 발급 해야 함
      <예외> 직전연도 공급대가 4,800만원 미만인 경우 및 신규 간이과세자는 최초 과세기간에 세금계산서 발급 불가
      (* 세금계산서를 발급할 수 없고 대신 영수증을 발급해야 하므로 이러한 간이과세자를 '영수증발급의무자'라고 함)
  - 면세사업자 : 계산서 발급
- 사업자 X … 세금계산서 및 계산서 발급 불가능

세금계산서 발급시기

공급시기에 발급(세금계산서의 작성연월일 = 공급시기)

↓

ex) 재화 : 인도일
용역 : 역무제공 완료일
장기할부판매 등 : 대가의 각 부분을 받기로 한 때

공급시기의 특례

4/20
<선발급>공급시기 : 발급한 날

4/20
100
10

6/7 인도
<원칙> 실제 공급시기

6/7
100
10

특례 세금계산서

<후발급 특례> : 다음달 10일까지
ex) 같은 거래처와 한달 내 2건 이상 거래

8/1 8/2 8/3 ··· 8/31

100	100	100	→	(합계) 8/31
10	10	10		3,100
				310

① 대가의 일부 또는 전부를 받고
받은 대가에 한하여 세금계산서 발급 시 발급한 때를 공급시기로 함

② 세금계산서를 선발급하고 7일 이내 대가 수령하면 세금계산서를 발급한 때를 공급시기로 함

③ 약정서 등에 대금의 청구시기(=세금계산서 발급일)와
지급시기를 따로 적고, 청구시기와 지급시기 30일 이내에 대가를 받으면 세금계산서를 발급한 때를 공급시기로 함

④ 세금계산서 발급일이 속하는 과세기간에 공급시기가 도래하는 경우 세금계산서를 발급한 때를 공급시기로 함
단, 공급받는 자가 조기환급 받는 경우에는 세금계산서 발급일로부터 30일 이내 공급시기 도래할 것

* 장기할부판매, 계속적 공급의 경우 세금계산서를 선발급한경우 발급한 때를 공급시기로 봄

㉠ 1역월의 공급가액을 합계
'해당 월의 말일'을 작성연월일로 하여
다음 달 10일까지 발급할 수 있다.

㉡ 1역월의 범위 내에서 일정하게 정한 기간의
공급가액을 합하여 '그 기간의 종료일'을
작성연월일로 하여 다음 달 10일까지 발급

㉢ 거래사실 확인 후 '거래일자'를
작성연월일로 하여 다음달 10일까지 발급

전자세금계산서

1. 발급의무자
   - 법인
   - 개인사업자 : 직전 연도 사업장별 공급가액 합계 8천만원 이상인 경우 → 과세 공급가액과 면세 공급가액을 합하여 8천만원 여부 판단

2. 전자세금계산서 발급 명세 : 전자세금계산서 발급일의 다음 날까지 국세청장에게 전송
(전자세금계산서 발급 의무 대상자가 종이세금계산서 발급 시 가산세 부과, 매입세액 공제)

수정세금계산서

① 처음 공급한 재화의 환입·반품 : 재화가 환입된 날을 작성일

② 계약의 해제(처음부터 없었던 것) : 계약 해제일을 작성일

③ 계약의 해지(공급가액 증가·감소) : 증감사유 발생일을 작성일

④ 공급시기가 속하는 과세기간 종료 후 25일 이내 내국신용장이 개설되거나 구매확인서가 발급된 경우 : 처음 세금계산서 작성일

⑤ 필요적 기재사항 등이 착오로 잘못 적힌 경우
처음 발급한 세금계산서 내용대로 세금계산서를 붉은 글씨 또는 음의 표시로 발급, 수정하여 발급하는 세금계산서는 검은 글씨로 작성하여 발급
(단, 경정할 것을 미리 알고 수정발급하는 것은 허용되지 않음)

⑥ 필요적 기재사항 등이 착오 외의 사유로 잘못 적힌 경우
재화나 용역의 공급시기가 속하는 과세기간의 확정신고기한의 다음날부터 1년 이내에 세금계산서 작성
(단, 경정할 것을 미리 안 경우 발급 불가)

⑦ 착오로 전자세금계산서 이중 발급 : 처음 발급한 내용대로 붉은 글씨 or 음의 발급

⑧ 면세 등 발급대상이 아닌 거래에 발급 : 처음 발급한 대로 붉은 글씨 or 음의 발급

⑨ 세율을 잘못 적용하여 발급 : 처음 발급한 대로 붉은 글씨 or 음의 발급
수정하여 발급하는 세금계산서는 검은 글씨
(0% → 10% or 10% → 0%)

* 참고
과세유형전환(간이가 일반 or 일반이 간이)이 된경우에는
①②③ 도 처음세금계산서 작성연월일로 수정발급해야 함

부가가치세 납부세액 계산구조

1 일반과세자

매출세액 (과세표준×세율-대손세액공제)
⊖ 매입세액 (세금계산서 등에 의해 입증되는 것 & 불공제 대상 아닌 것)
납부세액(△환급세액)

★ 과세표준에서 공제하지 않는 항목

1. 대손금 2. 하자보증금 3. 판매장려금

◇ 참고 : 신용카드 등의 사용에 따른 세액공제

1. 적용 대상 사업자
   ① 최종소비자 대상 업종
   (법인 및 직전연도 공급가액이 10억원을 초과하는 개인사업자 제외)
   ② 직전 연도의 공급대가의 합계액이 4천800만원 미만인 간이과세자
   ③ 신규사업 개시한 간이과세자의 최초 과세기간
2. 적용 요건
   재화 및 용역을 공급하고 신용카드매출전표, 현금영수증 등 영수증을 발급
3. 공제금액(2026년 12월 31일까지는 연간 1천만원을 한도로 함)
   : 발급금액(공급대가)의 1.3퍼센트

2 간이과세자

과세표준★ × 업종별 부가율 × 세율 = 납부세액

과세표준★: 공급대가의 합계

납부세액 ↓ 세금계산서 수령 시 세액공제 적용

◇ 참고 : 전자세금계산서 발급 전송에 대한 세액공제

1. 적용 대상 사업자 : 직전 연도의 사업장별 공급가액(면세공급가액 포함)의 합계액이 3억원 미만인 개인사업자
2. 적용 요건
   전자세금계산서를 발급하고 전자세금계산서 발급명세를 적법하게 전송
3. 공제금액 = 발급 건수 × 200원
   (단, 공제한도는 연간 100만원으로 함)

공급가액

***과세표준 계산의 일반원칙**

1. 금전으로 대가를 받는 경우 : 그 대가
2. 금전 이외의 대가를 받는 경우
   ① 자기가 공급한 것의 시가
   ② 공급받은 것의 시가
   ③ 위 ①, ②의 가격이 없거나 불분명한 경우 「법인세법」, 「소득세법」의 부당행위 계산 부인에 따른 가격

***마일리지로 결제 시 과세표준**

<1> 자기적립마일리지는 과세표준에 포함 X

<2> 자기직접마일리지 외의 마일리지로 결제시
   ① 과세표준 = 마일리지 외의 수단으로 결제한 금액
      ⊕ 자기적립마일리지 외의 마일리지 중 보전된 금액
   ② 예외 : 보전받지 않거나 적게 보전받는 경우 등에는 시가를 과세표준으로 함

1. 공급가액에 포함하는 항목

① 할부판매 및 장기할부판매의 이자상당액
② 대가의 일부로 받는 운송비·하역비·포장비 등
③ 개별소비세, 주세 및 교통·에너지·환경세가 과세되는 재화와 용역은 그 개별소비세, 주세, 교통·에너지·환경세, 교육세 및 농어촌 특별세 상당액

2. 공급가액에 포함하지 않는 항목

① 부가가치세
② 매출에누리, 매출환입, 매출할인
③ 공급받는자에게 도달하기 전에 파손·훼손 또는 멸실된 재화의 가액
④ 국고보조금과 공공보조금
⑤ 용기대금과 포장비용(반환조건)
⑥ 대가와 구분하여 기재한 종업원 봉사료
⑦ 공급받는 자가 부담하는 원자재 등의 가액
⑧ 공급대가의 지급지연으로 인한 연체 이자

3. 재화의 수입에 따른 공급가액

: 재화의 수입에 따른 과세표준은 그 재화에 대한 관세의 과세가격과 관세, 개별소비세, 주세, 교통·에너지·환경세, 교육세 및 농어촌특별세의 합계액으로 한다.

4. 외국통화로 대가를 받는 경우의 과세표준

외화 ⟶ 원화로 환산

↑ 언제의 환율?

<원칙> 공급시기의 기준환율 또는 재정환율 적용 금액(ex. 직수출은 선적일의 환율 적용)

<예외> 공급시기 전에 외화를 수령하고 원화로 환가한 경우 : 환가한 금액을 과세표준으로 함

5. 간주공급의 공급가액

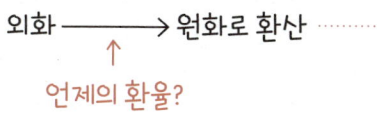

간주공급
- 직매장 반출
  - <원칙> 취득원가
  - <예외> 세금계산서에 기재한 금액
- 위 이외 (면세전용 / 업무용 승용차의 구입·유지 / 사업상 증여 / 개인적 공급 / 폐업시 잔존재화)
  - 감가상각자산 : 간주시가
    - 건물·구축물 : 취득가액 × (1 - 감가율 × 경과된 과세기간 수)
      - 감가율 5%, 경과된 과세기간 수 최대 20 과세기간 (10년)
    - 위 이외 : 취득가액 × (1 - 감가율 × 경과된 과세기간 수)
      - 취득가액 : 당초 매입세액 공제된 것, 취득세 등 차감
      - 감가율 25%, 경과된 과세기간 수 최대 4 과세기간 (2년)
    - → 기간 초과시 초과하는 기간은 없는 것으로 봄
  - 감가상각 자산 외의 자산 : 시가 (재고재화)

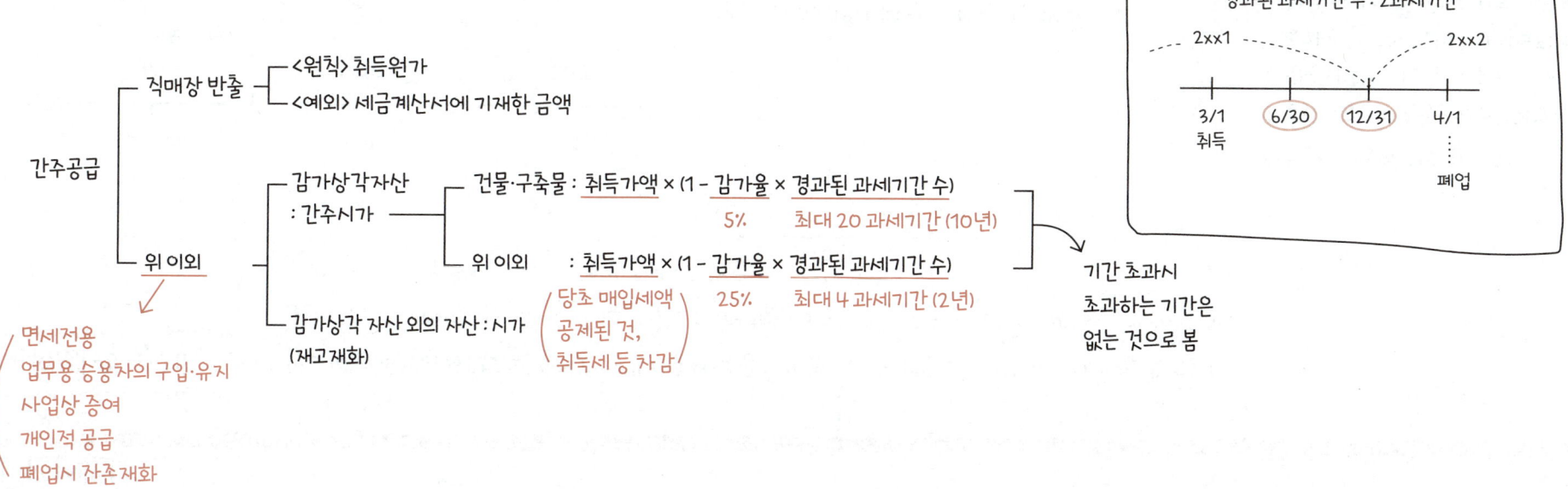

ex) 20×1년 3/1 취득하여 20×2년 4/1 폐업시

경과된 과세기간 수 : 2과세기간

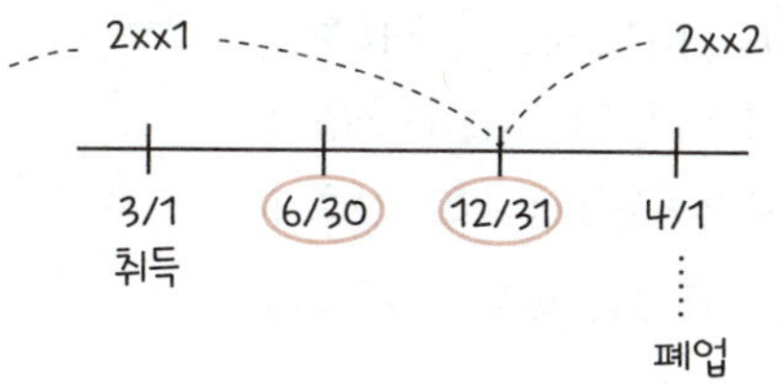

대손세액 공제

예정신고 때는 공제하지 않고 확정신고 때만 대손세액 공제 가능 ……▷ 확정신고 시에만 대손세액 공제 적용!

사업자가 과세 재화·용역을 공급한 후 그 공급일로부터 10년이 지난 날이 속하는 과세기간의 확정신고기한까지
법정대손사유로 확정되는 대손세액만 공제대상으로 함

<대손세액공제 가능한 사유>

1. 법인세법상 대손금으로 인정되는 사유
2. 법원의 회생계획인가 결정에 따라 채무를 출자전환하는 경우(출자전환된 매출채권 장부가액과 출자전환으로 취득한 주식의 시가와의 차액)

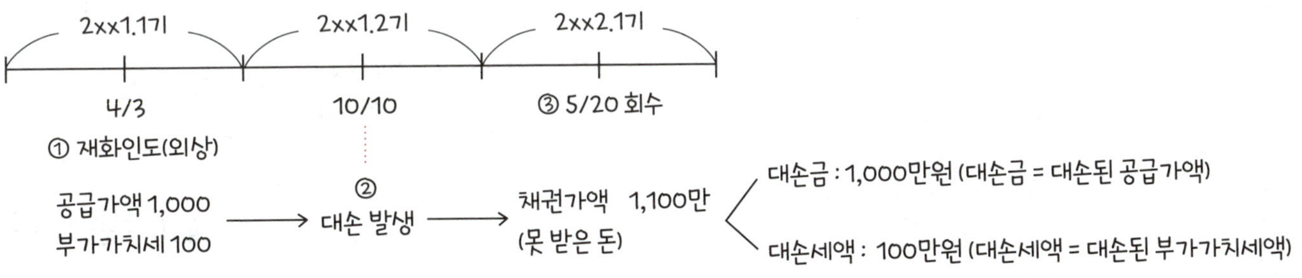

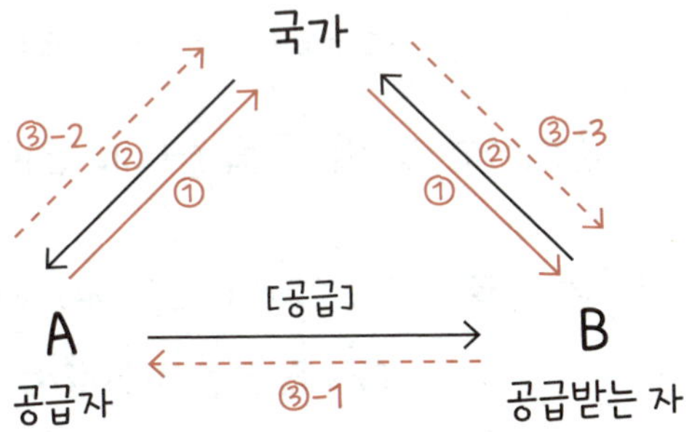

① 공급 : 매출세액(A), 매입세액 공제(B)
② 대손발생 : 100만원 대손세액 공제(A), 매입세액 공제분 추징(B)
③ B가 A에게 대손세액(100만원)을 돌려줌
: A는 다시 납부, B는 매입세액 공제(=변제 대손세액)
(③-2) (③-3)

매입세액

1. 공제 대상 매입세액

① 사업자가 사업을 위해 사용하였거나 사용할 재화·용역을 공급받거나 재화를 수입 → 매입세액 공제
② 세금계산서 등 적격서류 수취한 경우 공제 가능

	매입세액 공제	가산세
* • 예정신고 시 제출하여야 할 것을 확정신고시 제출	O	×
• 수정신고 · 경정청구 · 기한 후 신고시 제출	O	×
• 경정 시 경정기관의 확인을 거쳐 제출	O	(0.5%)

2. 공제하지 아니하는 매입세액(불공제 대상 매입세액)

① 사업과 무관한 매입세액
② 사업자등록 신청 전 매입세액

> 단, 공급시기가 속하는 과세기간 종료 후 20일 이내에 사업자등록 신청 시
> : 공급시기가 속하는 과세기간 기산일까지의 매입세액은 공제 가능

③ 세금계산서 미수취 · 부실기재 및 합계표의 미제출 · 부실기재
④ 개별소비세 과세대상 자동차의 구입 · 유지 및 임차에 관한 매입세액
⑤ 토지의 자본적 지출 관련 매입세액
⑥ 면세 사업 관련 매입세액
⑦ 기업업무추진비 및 유사한 비용에 대한 매입세액

★ 세금계산서 지연수취시 공급받는 자의 처리

	매입세액 공제	가산세
1. 공급시기에 발급 ···	O	×
2. 공급시기 지난 후 공급시기가 속하는 확정신고기한 이내 발급 ···	O	O
3. 확정신고기한 이후 발급 ···	×	×

의제매입세액 공제 개요

(2021.7.1 이후에는 일반과세자만 적용)

(예정신고 및 확정신고시 의제매입세액 공제 가능)

① 면세 미가공 농·축·수·임산물 매입 → **일반과세사업자** → ③ 과세 공급에 사용

→ 과세사업에 사용 안하는 경우 재계산 (≒공제 취소)

<공제 요건>

㉠ 사업자로부터의 매입분
즉, 계산서, 신용카드, 현금영수증의 적격증명서류 있어야 함

㉡ 단, 제조업의 경우
농어민으로부터 직접 구입분 공제 가능
(적격증명서류 없어도 공제 가능, 의제 매입세액 공제 신청서만 제출하면 됨)

② 원재료로 사용
(공제시기 : 구입시기)

*<원칙> $\frac{2}{102}$

<예외>
- 음식업
  - 과세유흥장소 : $\frac{2}{102}$
  - 위 의외
    - 법인 : $\frac{6}{106}$
    - 개인 : $\frac{8}{108}$ (2026년 말까지 과세표준 2억 이하인 자는 $\frac{9}{109}$ 적용)
- 제조업
  - 개인사업자 중 과자점, 도정업, 떡방앗간 : $\frac{6}{106}$
  - 중소기업법인/개인 : $\frac{4}{104}$
  - 위 이외 : $\frac{2}{102}$

*의제매입세액 공제 금액
공제 대상 매입가액 × 공제율*

(매입 부대비용 제외
수입원재료의 경우 : 관세의 과세가격)

*공제한도(확정신고 시에만 한도 적용)

① 법인 : 과세표준 × 30%(2026년까지 50%) × 적용률

② 개인 :
- 음식점 외
  - 과표 2억 이하 : 과표 × 65% × 공제율
  - 과표 2억 초과 : 과표 × 55% × 공제율
- 음식점
  - 과표 1억 이하 : 과표 × 75% × 공제율
  - 과표 1억 초과 2억 이하 : 과표 × 70% × 공제율
  - 과표 2억 초과 : 과표 × 60% × 공제율

*제조업 연간 한도 특례 요건(한도:법인:50%, 개인 < 과표 4억 이하 : 65% / 과표 4억 초과 : 55%)
- 1역년 동안 계속해서 제조업 영위
- 1기에 공급받은 매입이 1년 전체의 75% 이상 또는 25% 미만

공통매입세액 안분 등

··· 과세·면세 겸영사업자가 과세·면세 공통매입을 한 경우
- 과세 관련 : 공제
- 면세 관련 : 불공제

1. 공통매입세액의 처리

① 과세 사업 관련 매입세액 : 공제(기업업무추진비 등 본래 불공제 대상은 안분하지 않고 전액 불공제함)

② 면세 사업 관련 매입세액 : 전액 불공제

③ 공통매입세액 : 과세사업 관련된 것은 공제하고, 면세 사업 관련은 불공제

2. 공통매입세액 안분 생략 기준(전액 공제)

① 해당 과세기간의 총공급가액 중 면세공급가액이 5% 미만이고 5백만원 미만인 경우의 공통매입세액

② 해당 과세기간 중의 공통매입세액이 5만원 미만인 경우의 매입세액

③ 신규사업 개시자가 최초 과세기간에 매입한 후 공급하여 과세표준 안분을 생략한 경우 공통매입세액 안분 생략

3. 공통사용재화의 과세표준 안분 생략 기준(전액 과세표준)

① 재화를 공급하는 날이 속하는 과세기간의 직전 과세기간의 총공급가액 중 면세공급가액이 5% 미만이고 공급가액 5천만원 미만인 경우

② 재화의 공급가액이 50만원 미만인 경우

③ 재화를 공급하는 날이 속하는 과세기간에 신규로 사업을 시작하여 직전 과세기간이 없는 경우

부가가치세 신고

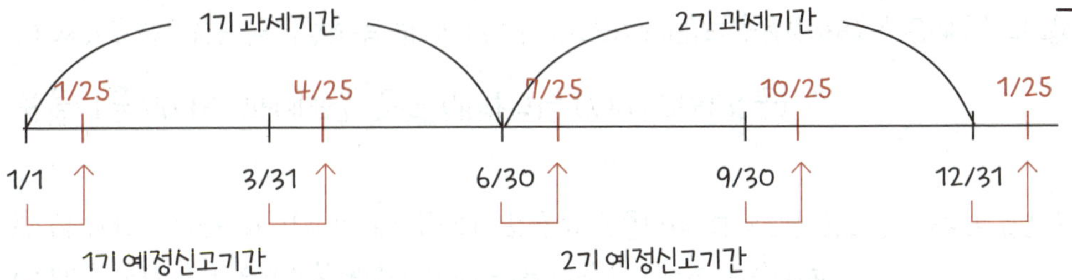

1. 확정신고 : 사업자는 과세기간 종료 후 다음달 25일까지 과세표준신고서 제출해야 함 (확정신고 해야 함)

2. 납부 : 확정신고기한 (7/25. 1/25)까지 납부세액을 납부해야 함

환급

1. 일반환급 : 각 과세기간의 확정신고기한이 지난 후 30일 이내에 환급
(예정신고기간의 환급세액은 확정신고 시 납부세액에서 차감)

2. 조기환급 : 예정 또는 확정신고기한이 지난 후 15일 이내에 환급
(예정신고기간 또는 과세기간 최종 3개월 중 매월 또는 매 2월마다 그 기간을 조기 환급기간으로 할 수 있음)
(1/1~3/31, 7/1~9/30) (4/1~6/30, 10/1~12/31)

★ 대상자 : ① 영세율 적용 ② 사업설비(감가상각자산)를 신설·취득·확장·증축 ③ 재무구조 개선 계획 이행

예정신고 및 예정고지

1. 법인 : <원칙> 예정신고
   <예외> 직전 과세기간 공급가액 합계액 1억 5,000만원 미만인 법인은 예정고지함
2. 개인 <원칙> 예정고지납부
   <예외①> 예정고지와 예정신고 중 선택 가능
   - ㉠ 휴업 또는 사업부진 등으로 각 예정신고기간의 공급가액 or 납부세액이 직전 과세기간의 공급가액 or 납부세액의 $\frac{1}{3}$에 미달하는 자
   - ㉡ 각 예정 신고기간분에 대해 조기환급 받고자 하는 자

   <예외②> 예정고지(징수)하지 않는 경우
   - ㉠ 징수하여야 할 금액이 50만원 미만
   - ㉡ 간이과세자에서 일반과세자로 변경된 과세기간
   - ㉢ 재난등으로 인한 납부기한 등 연장 사유 있는 경우
3. 간이 <원칙> 예정부과기간(1/1~6/30)에 대해 예정고지함
   <예외> ① 예정부과기간에 대한 신고의무 있는 경우
   : 세금계산서 합계표 제출해야 하는 경우
   ② 예정부과기간에 대해 신고할 수 있는 경우
   : 직전연도 공급대가의 $\frac{1}{3}$에 미달하는 자

*참고 : 판매및결제대행업체의 자료제출 의무 : 매 분기 말일의 다음달 15일까지

소득세법

남정선 세무사의 세법 필기노트

03 소득세법

기본 3법 비교

법인세

(법인 소득세=법인이 번 돈)

ex) 사업연도 1/1~12/31 가정

(12월말 법인의 경우)

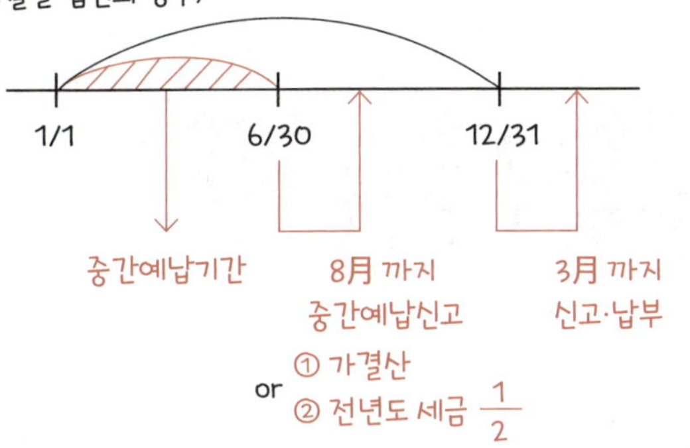

*사업연도

1. 회사가 정관 등에 정한 기간
   단, 1년을 초과할 수 없다.
2. 1이 없으면 신고해야 한다.
3. 1, 2가 없으면 1/1~12/31

소득세

(개인 소득세=개인이 번 돈)

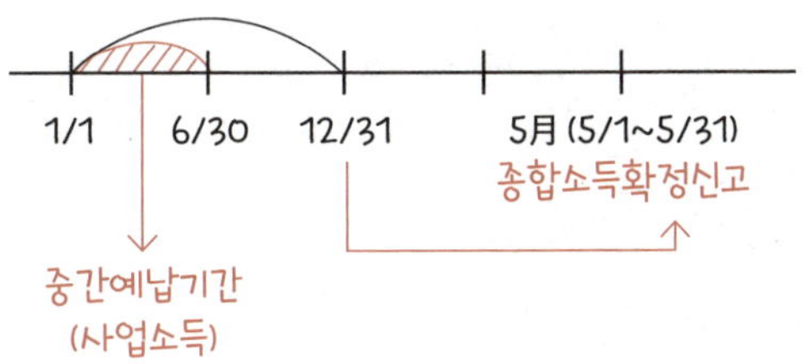

*과세기간

<원칙> 1/1~12/31 : 역년과세

<예외> ┌ 사망 : 1/1~사망일
　　　　└ 출국 : 1/1~출국일

부가가치세

(일반 소비세)

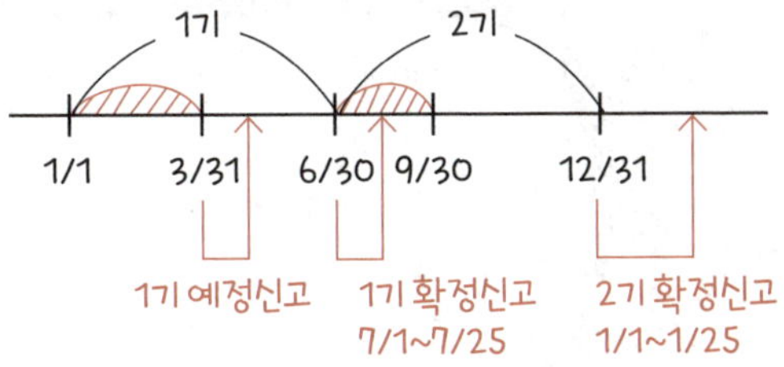

*일반과세자 과세기간

1기 : 1/1~6/30

2기 : 7/1~12/31

*간이과세자 과세기간

1/1~12/31

소득세 총칙

1. 개인단위 과세제도 : 소득세는 개인별로 각각 과세하고 부부 or 가족끼리 합산하지 않음

<예외> 공동사업 합산과세 특례 적용 시 특수관계인 간 공동사업장의 소득을 합산하여 과세함

2. 소득세의 과세방법

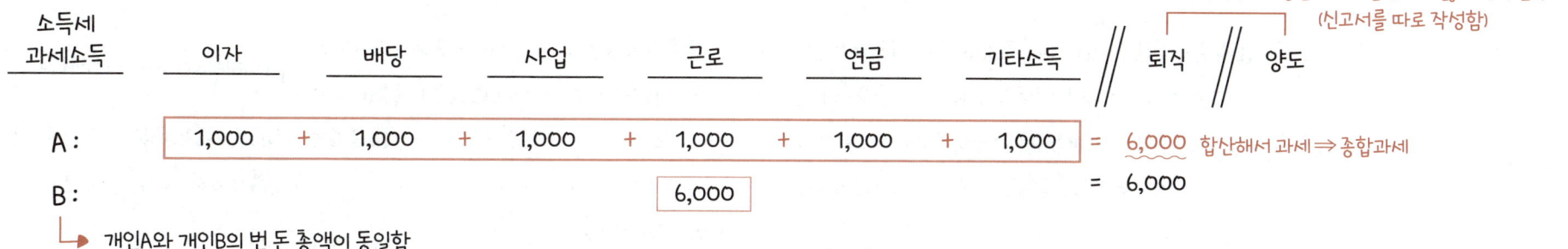

결집효과 : 종합소득과 합산하지 않고 각각 분류과세 (신고서를 따로 작성함)

소득세 과세소득	이자		배당		사업		근로		연금		기타소득			// 퇴직 // 양도
A :	1,000	+	1,000	+	1,000	+	1,000	+	1,000	+	1,000	=	6,000	합산해서 과세 ⇒ 종합과세
B :							6,000					=	6,000	

↳ 개인A와 개인B의 번 돈 총액이 동일함

어느 한 쪽이 불리한 적용 받으면 안 됨 → 종합과세

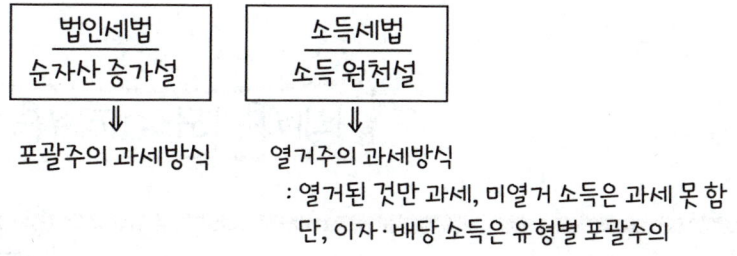

3. 과세소득 규정 방법

법인세법	소득세법
순자산 증가설	소득 원천설
⇓	⇓
포괄주의 과세방식	열거주의 과세방식

열거주의 과세방식 : 열거된 것만 과세, 미열거 소득은 과세 못 함

단, 이자·배당 소득은 유형별 포괄주의

4. 세율 구조 : 8단계 초과누진세율(기본세율)

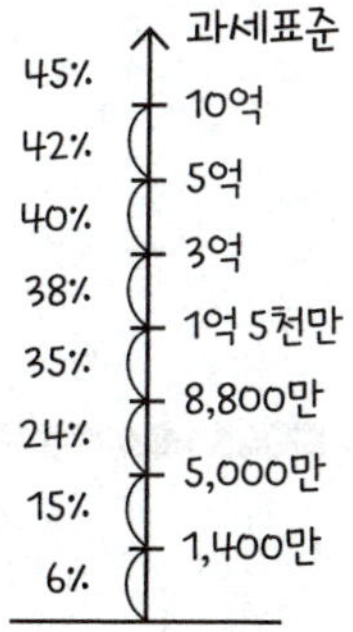

*과세표준×세율=산출세액

납세의무자와 납세지

- 소득세 납세의무자=거주자와 국내원천소득이 있는 비거주자
  - 거주자: 국내원천소득+국외원천소득 ⇒ 무제한 납세의무자
  - 비거주자: 국내원천소득 ⇒ 제한 납세의무자

구분		납세지(=관할세무서)	
거주자	국내에 주소가 있는 자	주소지	주소가 2개 이상인 경우 : 주민등록법상 주소지
	국내에 183일 이상 거소를 둔 자	거소지	거소가 2개 이상인 경우 : 생활관계가 보다 밀접하게 형성된 장소
비거주자 - 거주자 이외의 자	국내 사업장이 있는 경우	국내사업장 소재지	국내사업장이 2개 이상인 경우 : 주된 사업장 소재지
	국내사업장이 없는 경우	소득이 발생한 장소	소득이 두 군데 이상에서 발생한 경우 : 주된 소득 발생장소

*소득세법상 원천징수한 소득세의 납세지(지급하는 장소 기준)

원천징수 의무자		납세지
개인	거주자	(소득을 지급한) 사업장 소재지, 사업장이 없으면 주소 또는 거소
	비거주자	국내사업장 소재지, 국내사업장이 없으면 거류지 또는 체류지
법인	내국법인	<원칙> 본점 소재지 <예외> 독립 채산제 : 지급하는 지점. 단, 본점일괄납부 적용 or 사업자단위 과세 적용시 → 본점
	외국법인	국내사업장 소재지

◇ 참고 : (소득세법상) 납세조합 징수 … 납세 조합 소재지

법인 아닌 단체의 납세의무

법인아닌 단체

- 법인으로 보는 법인 아닌 단체
  <법인세 과세>
  - 당연법인의제 (신청·승인없이 법인으로 봄)
    (*기본전제 : 수익을 구성원에게 분배하지 않을 것)
    - ① 주무관청의 인·허가를 받아 설립or 법령에 의해 설립 and 등기되지 않은 것
    - ② 공익을 목적으로 출연된 기본 재산이 있는 재단으로서 등기되지 않은것
  - 신청+승인에 의해 법인으로 보는 단체 - - - - - → <신청요건>
    - ㉠ 수익을 구성원에게 분배하지 않는다.
    - ㉡ 대표자가 있을 것
    - ㉢ 단체 명의로 재산과 수익을 관리할 것

  ⇒ 법인으로 보아 법인세 과세, 비영리법인으로 봄 : 상속세, 증여세 납세의무 있음

- 법인으로 보는 단체 이외의 단체
  <소득세 과세>
  - 손익분배 하는 경우 : 공동사업으로 보아 공동사업자별로 납세의무 짐(단체는 소득세 납세의무 없음)
  - 손익분배 안하는 경우 : 1거주자 or 1비거주자로 보아 단체 명의로 납세의무 짐 (구성원은 소득세 납세의무 없음)
    - ↳ 국내에 주사무소 or 사업의 실질적 관리장소 있으면 거주자로 봄
      국외에 〃 〃 〃 〃 비거주자로 봄

종합소득세 계산구조

비과세 · 분리과세 제외 →

종 수입금액 (-) 필요경비	이자소득 ‖	배당소득 (+)배당가산액 (Gross-up)	사업소득 (-)필요경비	근로소득 (-)필요경비 (-)근로소득공제	연금소득 (-)필요경비 (-)연금소득공제	기타소득 (-)필요경비	
소득금액	이자소득금액 +	배당소득금액 +	사업소득금액 +	근로소득금액 +	연금소득금액 +	기타소득금액 =	종합소득금액

(근로소득과 연금소득의 '필요경비'는 X로 지워져 있음)

- 사업소득 ← 사업소득 총수입액
- 근로소득 ← 총 급여액
- 사업소득금액 ← 장부작성의무 (기장의무)
- 기타소득 (-)필요경비 → 실제필요경비 일부인정 / 60%, 80%, 90% 추정

* 이자소득·배당소득은 필요경비를 인정하지 않음

* 실제 필요경비 인정 : 사업소득, 기타소득, 양도소득

★ 사업소득 : 계속·반복적 / 기타소득 : 일시·우발적

*계산구조

	종합소득금액
(-)	종합소득공제
	종 합소득 과세표준
(x)	(기본) 세율
	종합소득 산출세액
(-)	세액공제·세액감면
	종합소득 결정세액
(-)	기납부세액
	차가감납부할 세액

└→ 분납의 판단기준

종합소득공제
- 인적공제
  - 기본 공제
  - 추가 공제
    - 부녀자 공제
    - 한부모 공제
    - 장애인 공제
    - 경로자 공제
- 연금보험료 공제
- 주택담보 노후연금 이자비용 공제
- 특별 소득 공제
  - 보험료 소득공제 (건강보험, 고용보험)
  - 주택자금 소득공제

세액공제
- 배당세액공제
- 근로소득 세액공제
- 기장세액공제
- 재해손실 세액공제
- 외국납부 세액공제
- 자녀 세액공제
- 연금계좌 세액공제
- 특별 세액 공제
  - ① 항목별 세액공제
    - 의료비 세액공제
    - 보험료 세액공제
    - 기부금 세액공제
    - 교육비 세액공제
  - ② 표준 세액공제

퇴직소득세 계산구조

퇴직소득
‖
퇴직소득금액
⊖ 퇴직소득공제
퇴직소득 과세표준
⊗ 기본세율 ⊗ $\frac{1}{12}$ ⊗ 근속연수
퇴직소득 산출세액

양도소득세 계산구조

양도가액
⊖ 필요경비
양도차익(△양도차손)
⊖ 장기보유특별공제
양도소득금액
⊖ 양도소득 기본공제
양도소득 과세표준
⊗ 세율
양도소득 산출세액

이자소득과 배당소득

1. 채권의 매매차익

- <원칙> 미열거 소득 ← 과세 대상 아님
- <예외> 아래 ①, ②의 경우 '이자소득'으로 과세
  - ① 환매조건부 채권의 매매차익(사전약정이율 적용)
  - ② 채권의 중도매매 시 보유기간 동안의 이자 상당액

2. 주식의 매매차익

- 상장 주식의 매매차익 - <원칙> 미열거 소득(과세되지 않음)
  - <예외> ① 대주주 보유주식, ② 장외거래 주식 → '양도소득'으로 과세
- 비상장 주식의 매매차익 → '양도소득'으로 과세

3. 보험차익

- 보장성 보험의 보험차익 <원칙> 미열거 소득
  - <예외> 사업소득 계산 시 필요경비로 처리한 보험의 보험차익은 '사업소득'으로 과세
- 저축성 보험의 보험차익 <원칙> '이자소득'으로 과세
  - <예외> ①, ②, ③의 경우 과세하지 않음
    - ① 만기 10년 이상 + 불입액 1억 이하
    - ② 만기 10년 이상 + 월 적립식 보험 + 월 불입액 150만원 이하
    - ③ 종신형 연금보험

4. 손해배상금 및 손해배상금에 대한 법정이자

<원칙> 미열거 소득

<예외> 재산상 계약의 해약·위약에 따른 손해배상금과 그 법정이자는 '기타소득'으로 과세 ⇒ '이자소득' 아님!

> ※ 사업과 관련하여 외상판매 및 할부판매 시 현금판매가액보다 더 받는 금액은 사업소득임
>
> ※ 연체이자를
> - 소비대차 전환 시 : 이자소득
> - 소비대차 미전환
>   - 사업관련 : 사업소득
>   - 사업무관 : 기타소득

5. 비영업대금의 이익 : 이자소득 (원천징수세율 25%)

└→ 금전의 일시적 대여로 인한 이익

★ 참고 : 금전을 사업목적으로 계속적으로 대여하고 받는 이익 ⇒ 사업소득

6. 출자공동사업자의 배당소득

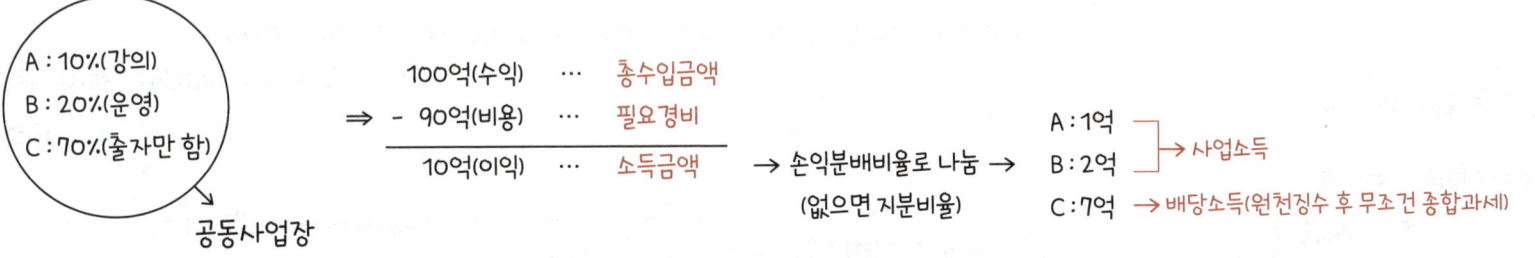

공동사업장
- A : 10%(강의)
- B : 20%(운영)
- C : 70%(출자만 함)

⇒
100억(수익) … 총수입금액
\- 90억(비용) … 필요경비
10억(이익) … 소득금액

→ 손익분배비율로 나눔 (없으면 지분비율) →
- A : 1억, B : 2억 → 사업소득
- C : 7억 → 배당소득(원천징수 후 무조건 종합과세)

Tip

"출자공동사업자이다" → 배당소득

"출자공동사업자가 아니다" → 사업소득

(공동사업에 상호·성명을 사용하게 하거나 공동사업의 채무에 무한책임을 지기로 약정한 자는 출자공동사업자가 아니다!)

7. 신탁재산에 귀속되는 소득

<원칙>
- 수익자 지정 O
  - 수익자 과세
  - 위탁자가 통제하고 행사 시 : 위탁자 과세
- 수익자 미지정 — 위탁자 과세

} 소득의 종류에 따라 이자·배당·사업소득 등으로 과세

<예외> 법인과세신탁에서 배당받은 소득 : 수익자의 배당소득으로 과세

금융소득 과세방법

1. 무조건 분리과세 대상 : 벌금의 성격 or 혜택의 성격
   ① 원천징수세율 : 원칙 14%
   ② 비실명 채권·증권이자 : 45%(90%)
   ③ 법원 보증금 등의 이자 : 14%
   ④ 직장공제회 초과반환금 : 기본세율
   ⑤ 법인 아닌 단체의 금융수익 : 14% → 법인으로 보는 단체 외의 단체 중 수익을 구성원에게 분배하지 않는 단체가 단체명을 표시하여 금융거래 함으로써 받는 소득 → 무조건 분리과세

2. 무조건 종합과세 대상 : ① 출자공동 사업자의 손익분배금(배당소득) → 25% 원천징수 후 종합과세함(사업소득과의 과세형평을 위해)
   ② 국내에서 원천징수되지 않은 금융소득(ex. 외국에서 지급받은 이자·배당 등)

3. 조건부 종합과세 대상 : ① 금융소득 합계액 > 2,000만원 : 전액 종합과세
   ② 금융소득 합계액 ≤ 2,000만원 : 전액 분리과세

★ 2,000만원 초과여부 판단시 국외금융소득 합산하여 판단해야 함

* Gross-up 제도 : 법인세와 소득세의 이중과세 조정

배당소득 총 수입액
(+) 배당가산액(10%)

배당소득금액
(+) 기타 종합소득금액

종합소득금액
⋮
(−) 배당세액 공제

★ Gross-up 요건

1. 법인세가 과세된 잉여금을 재원으로 한 배당일 것
2. 내국법인으로부터의 배당일 것(외국 법인x)
3. 종합과세되고 기본세율이 적용되는 배당소득일 것

*유동화전문회사가 소득공제 받은 경우 or 법인과세신탁의 배당금등은 Gross-up 대상 아님!

사업소득

◇ 참고

- 대학교수
  - 학생 가르치고 월급 수령 : 근로소득
  - 연구·개발용역
    - 교수가 독립적 계약 : 사업소득
    - 대학이 연구관리비 관리 : 기타소득

1. 사업소득 : 독립적 지위에서 수익을 얻을 목적으로 계속·반복적으로 하는 사업활동에서 발생한 소득
(ex. 광업, 제조업, 건설업, 도·소매업, 운수업 등)

2. 비과세 사업소득

1) 농업소득(개인)

<원칙> 사업소득으로 과세

<예외> (농업 중) 작물 재배업
- 곡물 및 기타식량 작물재배업 : 미열거 소득 → 금액이 얼마이든 전부 과세 안함 ex) 쌀
- (곡물 및 기타식량 작물재배업) 이외의 작물 재배업 : 과세대상. but, 수입금액 10억원 이하 → 비과세

2) 부동산임대중 논·밭을 이용하게 한 것
- 작물생산에 이용하게 함 : 비과세
- 그 외의 이용(ex 주차장) : 과세

3) 농가 부업소득 … ① 농가부업규모의 축산 : 전액 비과세
(양식어업 제외)
② 민박, 고공품 제조 등 + 농가부업규모 초과하는 축산 = 연간 소득금액 3,000만원까지 비과세
(축산 이외의 부업)

4) 어로어업소득 중 … ① 연근해 어업과 내수면 어업에서 발생한 소득
(양식어업 포함) and
② 소득금액 합계 5,000만원 이하까지 비과세

5) 전통주 제조 : 연간 1,200만원 이하 비과세 → 연간 소득금액 1,200만원 초과시 전액 과세

6)
- 임목의 양도 : 임업(사업소득)
  단, 조림기간이 5년 이상인 경우 연 600만원 이하의 임업소득금액은 비과세 한다.
- 임지의 양도 : 양도소득
  (부동산)

7) 주택의 임대 중 1세대 1주택 보유 시 임대소득 비과세
(기준시가12억원초과 고가주택 제외, 국외주택 제외)

참고 부동산 임대업 ① 부동산 또는 부동산 상의 권리 대여(전세권의 대여, 공익사업과 관련되지 않은 지역권·지상권의 설정·대여 포함)

② 공장재단, 광업재단 대여

③ 광업권자·조광권자·덕대가 채굴에 관한 권리 대여 → 단, 자본적 지출의 전부 또는 일부를 부담하면서 받은 대가는 '사업소득'

(부동산임대업, 광업)

*부동산임대업의 총수입금액 = 임대료 + 간주임대료(보증금에 대한 이자상당액) + 관리비

주택임대 소득

<원칙> 사업소득으로 과세(∵부동산임대업에 해당함)

<예외> 비과세 주택임대소득

1세대가 1주택 보유 : 임대료는 비과세

단, 고가주택* 또는 국외소재주택이면 과세

(기준시가 12억초과)

• 고가주택의 범위

* 사업소득(부동산임대업) … 기준시가 12억원 초과
  양도소득 … 실제매매가액 12억 원 초과

* 참고
• 1세대 : 배우자 포함
  생계를 같이하는 직계존비속,
  형제·자매 포함
• 1주택 중 다가구주택은 1주택으로 봄
  단, 구분 등기시 각각을 1주택으로 봄

*참고 주택임대 수입금액이 연 2,000만원 이하이면 "분리과세 주택임대소득"이라 함

3. 사업소득금액 계산구조

총수입금액 … 비과세 제외
(-) 필요경비 … 실제 필요경비
사업소득금액

*사업 관련 유형자산 처분

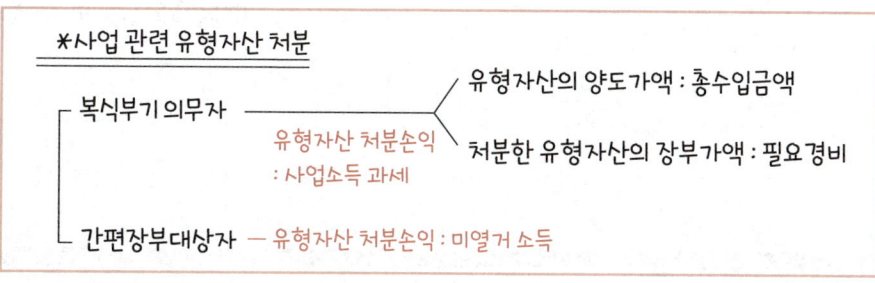

- 복식부기 의무자
  - 유형자산의 양도가액 : 총수입금액
  - 처분한 유형자산의 장부가액 : 필요경비
  - 유형자산 처분손익 : 사업소득 과세
- 간편장부대상자 — 유형자산 처분손익 : 미열거 소득

*사업자금의 운용으로 인한 예금이자 : 이자소득으로 과세함 (사업소득 아님)

총수입금액과 필요경비

1. 총수입금액 항목

1) 사업수입금액 : 사업에서 발생한 매출액(매출환입액, 매출에누리, 매출할인 제외)

2) 상대방으로부터 받은 장려금
- 판매장려금 수령액 : 총수입금액 항목
- 판매장려금 지급액 : 필요경비 항목

3) 필요경비에 산입된 금액의 환입

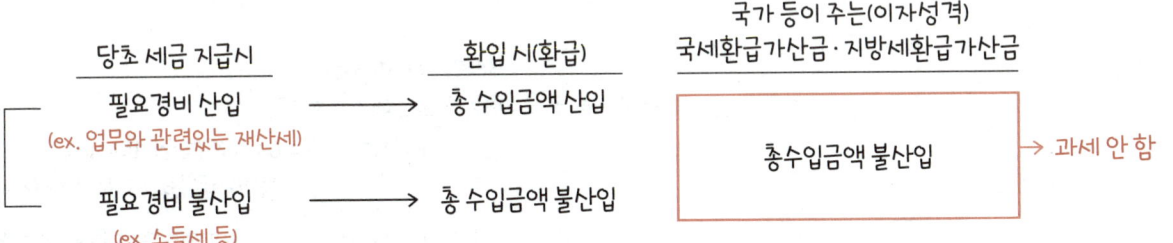

당초 세금 지급시	환입 시(환급)	국가 등이 주는(이자성격) 국세환급가산금 · 지방세환급가산금
필요경비 산입 (ex. 업무와 관련있는 재산세)	→ 총 수입금액 산입	총수입금액 불산입 → 과세 안 함
필요경비 불산입 (ex. 소득세 등)	→ 총 수입금액 불산입	

4) 사업과 관련된 자산수증이익&채무면제이익(압축기장충당금 · 일시상각충당금 설정한 것은 제외)
   ① 사업과 관련 없는 경우 증여세 과세 대상(사업소득x)
   ② 이월결손금 보전에 충당한 경우 총수입금액 불산입

5) 가사용 재고자산

6) 사업용 자산의 손실로 인해 발생하는 보험차익 → 보험료 납부 시 필요경비 산입

7) 간주임대료 ⇒ 보증금에 대한 이자상당액

소득세법상 <원칙> 사업소득 총수입금액(과세대상)

<예외> 주택의 경우에는 2억원 초과 주택을 3채 이상 소유한 자의 보증금 합계가 3억원 초과하는 경우에만 간주임대료 계산

> ◇ 참고
>
> 주거의 용도로만 쓰이는 면적이 1호 또는 1세대당 40제곱미터 이하인 주택으로서 해당 과세기간의 기준시가가 2억원 이하인 주택은 2026년 12월 31일까지는 주택 수에 포함하여 계산하지 않음

2. 총수입금액 불산입 항목

1) 필요경비 불산입된 금액의 환입액
2) 이월된 소득금액 : 이미 과세함 →총 수입금액 불산입(이중과세 방지)
3) 자산수증이익 또는 채무면제이익 중 이월결손금 보전에 충당된 금액(국고보조금은 제외)
4) 사업자가 징수를 대행하는 간접세 ex) 부가가치세 매출세액

3. 필요경비 항목

1) 판매한 재고자산의 원료의 매입가액과 그 부대비용
   → 매입환출·매입에누리 및 매입할인은 매입액에서 차감
2) 종업원의 급여(대표자 급여는 필요경비 불산입)
   → 대표자의 가족이 사업에 직접 종사하는 경우 가족급여는 필요경비 인정
3) 복리후생비(사용자 본인의 건강보험료와 노인장기요양보험료 포함)
4) 기타 필요경비(광고선전비 등)

4. 필요경비 불산입 항목

1) 대표자 급여
2) 제세공과금 중 벌과금, 가산세·징수불이행세액 등
3) 기업업무추진비 한도초과액
4) 기부금 한도초과액
5) 업무 무관비용 (ex. 업무무관자산을 취득, 가사관련경비 등) 등

*참고(심화)

- 정치자금 기부금
  - 법인세법 : 비지정 기부금(전액 손금불산입, 기타사외유출)
  - 소득세법 :
    - ① 10만원 이하의 금액 - 기부정치자금 세액공제 <조특법상>
      정치자금기부금의 $\frac{100}{110}$ 을 세액공제
    - ② 10만원 초과하는 금액 - 기부금특별세액 공제 대상 <소득세법상> (100%)

*기부금 한도액

	소득세	법인세	
• 특례 기부금 :	100%	50%	10년간 이월공제 가능
• 일반 기부금 :	30% (종교단체기부금 : 10%)	10%(or 20%)	10년간 이월공제 가능

◇ 참고

2021년 세법개정으로 법정기부금이 특례기부금으로,
지정기부금이 일반기부금으로 용어가 변경됨

<지급이자 필요경비 불산입 순서>

<소득세법>	비교	<법인세법>
1. 채권자 불분명 사채이자		1. 채권자 불분명 사채이자
2. 건설자금 이자		2. 지급받은 자가 불분명한 채권·증권 이자
3. 초과인출금 관련 지급이자		3. 건설 자금이자
4. 업무무관자산 등 관련 지급이자		4. 업무무관자산 등 관련 지급이자

*사업소득 과세 방법

<원칙> 원천징수없이 종합소득에 합산하여 기본세율로 과세(5월의종합소득세 확정신고의무 있음) →

<예외> 1. 부가가치세 면세대상인 의료보건용역과 인적용역 : 사업소득 수입금액×3% (외국인 직업운동가는 20%) — 원천징수

2. 봉사료 : 수입금액 × 5% — 원천징수

3. 납세조합에 가입한 사업자 — 납세조합징수 (납세조합세액공제 : 근로자에 한하여 3%)

4. 연말정산

★연말정산

	연말정산 시기	지급명세서 제출기한
㉠ 근로소득(일반근로소득)	2월	3월 10일
㉡ 사업소득 중 보험모집인, 방문판매원 및 음료배달원 중 간편장부대상자	2월	3월 10일
㉢ 종교인 소득	2월	3월 10일
㉣ 공적연금소득(국민연금, 공무원연금 등)	1월	2월 말일

<예외>

분리과세 주택임대소득의 과세방법

① 일용근로소득 등 일반적인 분리과세 소득은 원천징수로서 과세가 종결되고 확정신고의무 없음

② 그러나 분리과세 주택임대소득은 원천징수 대상이 아니므로 반드시 종합소득 확정신고해야 함

③ 단, 확정신고시 일반적인 종합소득세 결정세액(6~45% 세율 적용) 대신 분리과세주택임대소득금액 14% 세율을 적용하여 신고납부할 수 있음(=신고납부 분리과세)

종합소득 결정세액 = ① or ② 중 선택

① 주택임대소득을 합산한 종합소득 결정 세액

② 분리과세주택임대소득에 대한 사업소득금액 × 14% + 그 외의 종합소득 결정세액

<지급명세서 제출 시기의 예외>

<근로소득 간이지급명세서>…반기별 제출
1/1~6/30 지급분 → 7월 말일까지제출
7/1~12/31 지급분 → 1월 말일까지 제출

<사업소득, 기타소득간이지급명세서>…월별 제출
매월 지급분을 다음달 말일까지 제출

<일용근로소득 지급명세서>…월별 제출
매월 지급분을 다음달 말일까지 제출

근로소득

1. 근로소득의 범위

① 근로제공 → 급여 등
② 의결기관의 잉여금 처분에 의한 상여
③ 「법인세법」상 소득처분에 의한 상여
④ 퇴직으로 인한 소득 중 퇴직소득에 속하지 아니하는 것 (ex. 임원퇴직금 한도초과액)
⑤ 직무발명보상금

직무발명보상금	비과세 한도
근로기간 중 제공 : 근로소득	연간 700만원
근로기간 이외의 기간에 제공 : 기타소득	연간 700만원

*임원퇴직금 한도초과액

- 직원 : 소득세 퇴직소득 한도 없음
- 임원 : 소득세법상 임원은 퇴직소득 한도 규정 있음

(이사, 감사 등) ex. 퇴직시 퇴직금 5억원 지급 가정
(임원) 퇴직소득 한도가 3억이라면 한도초과액 2억은 근로소득임
- 3억 : 퇴직소득으로 원천징수 → 분류과세
- 2억 : 근로소득 → 종합과세

2. 근로소득으로 보는 것

① 주식매수 선택권의 행사로 얻은 이익(stock option)
- 근로기간 중 행사 : 근로소득
- 근로기간 이외의 기간에 행사 : 기타소득

② 사택제공이익(주택을 제공받음으로써 얻는 이익)

구분			소득세법	법인세법
임원	출자임원	소액주주 아닌 출자임원	근로소득(과세)	부당행위 계산부인 적용 <익금산입>(상여)
임원	출자임원	소액주주(1%미만) 출자임원	비과세근로소득	
임원	비출자임원		비과세근로소득	
직원			비과세근로소득	

③ 주택자금대여로 인한 이익 ('종업원'이 주택자금을 저리 또는 무상으로 대여받음으로써 얻는 이익)
(구입·임차)
- <원칙> 근로소득으로 과세
- <예외> 단, 중소기업의 종업원(지배주주와 특수관계인 제외)이 주택 구입·임차자금을 무상·저리로 대여받음으로써 얻은 이익은 비과세 근로소득

④ 기밀비·교제비 기타 등의 명목으로 받은 것으로서 업무를 위해 사용된 것이 분명하지 않은 급여
⑤ 금융회사 등의 내근 사원이 집금수당과 보험가입자의 모집, 증권매매의 권유 및 저축의 권장으로 받은 대가

3. 비과세 근로소득

1) 실비변상적 성질의 급여 ex.
- 월 20만원 이내 : 자가운전보조금, 벽지수당, 연구보조비, 연구활동비, 승선수당, 취재수당, 이전지원금
- 기타 : 천재지변 등 재해로 받는 급여, 숙직료, 광산근로자의 입갱수당 및 발파수당

2) 식사와 식사대(식사 : 밥/식대 : 돈)

① 식사만 제공 : 전액 비과세
② 식대만 제공 : 월 20만원 이내 금액 비과세
③ 식사와 식대 동시 제공 : 식사는 전액 비과세하고, 식대는 전액 과세

3) 학자금 : <원칙> 근로소득 과세

<예외> '본인' 학자금 중 요건을 모두 충족한 것 → 비과세

① 업무관련 교육·훈련
② 규칙 등의 지급기준에 따라 받는 것
③ 6개월 이상 교육 시 해당 교육기간을 초과하여 근무할 것을 약정(그렇지 않을 경우 받은 금액 반납 조건)

4) 보육급여 : 6세 이하(과세기간 개시일 기준) 자녀에 대한 보육수당 : 월 20만원 이내의 금액 비과세

5) 국외에서 근로 제공하고 받는 급여 중 다음의 금액

① 국외 등의 지역에서 근무하는 공무원 등 : 국내 근무 시보다 초과하여 받는 금액
② 원양어선, 외항선박 또는 국외 건설현장 등에서 근로제공하는 자 : 월 급여액에서 500만원 비과세
③ 위 이외의 국외근무자 : 월 급여액에서 100만원 비과세

6) 생산직 근로자의 연장근로수당 등

① 공장·광산 생산직 근로자, 고용되어 어선에 승선하는 자, 운전원 및 수하물 운반 종사자일 것

② 월정액 급여가 210만원 이하로서 직전과세기간의 총 급여액이 3천만원 이하일 것

⇒ 위 요건을 모두 충족하는 경우 연장·야간·휴일근로로 인해 통상 임금에 가산하여 받는 급여(선원은 생산수당) 중 연간 240만원까지 비과세

(단, 광산근로자와 일용근로자는 전액비과세)

* 출산장려금의 경우 자녀 출산 후 2년 이내에 지급받고, 최대 2회 이내로 분할하여 지급받는 경우에는 한도없이 전액 비과세 (2025년 개정)

보험료 부담액

사용인의 보험료를 사용자(회사)가 내 준 경우

<원칙> 근로소득으로 과세

<예외> 다음 ①, ②, ③ 은 비과세

① 건강보험료 등 사용자부담분

② 단체보장성보험·단체환급부 보장성보험 지급액
- 1인당 연간 70만원까지 비과세
- 환급금 수령액은 근로소득으로 과세

③ 임직원의 고의 외의 업무상 손해에 대한 손해배상금 지급을 위한 보험료

근로소득 과세방법

			원천징수	과세방법		
• 근로소득	원천징수대상 근로소득	일용근로소득 →	(일당-15만원)×6%×(1-55%) ↳ 완납적 원천징수	→ 원천징수 분리과세		
		일반근로소득 →	간이세액표에 의하여 매달 원천징수 (기본세율 적용한 표(근로자의 선택에 의해 간이세액표의 120% or 80% 선택 가능)) ↳ 예납적 원천징수	→ 종합과세 → 연말정산 (2월) (=근로소득만 있다고 가정하고 소득의 지급자(연말정산의무자)가 근로소득자 개개인의 종합소득세 신고를 대신해주는 절차)	(5월) 종합소득 확정신고	(합산 대상인) 타소득 없는 경우 : 확정신고 하지 않아도됨 / (합산 대상인) 타소득 있는 경우 : 반드시 확정신고 해야 함
	원천징수 대상이 아닌 근로소득	ex) 국외근로소득 (국외에서 직접 지급 받는) ↳ 납세조합 가입 가능	··········→ 종합과세	·········· 종합소득세 확정신고 해야 함		

*근로소득금액 계산구조

총 급여액 ··· 비과세소득제외
(-)근로소득 공제
근로소득금액

*근로소득공제

1. 일반근로자 = 총급여액 × 공제율

총급여액 구간	공제율
1억 초과	2%
4,500만 ~ 1억	5%
1,500만 ~ 4,500만	15%
500만 ~ 1,500만	40%
500만 이하	70%

2. 일용근로자 : 하루에 15만원 근로소득공제

(일당 - 15만원) × 6% × (1 - 55%) = 일용근로자 소득세

(15만원: 근로소득공제, 6%: 세율, 55%: 근로소득세액공제 (한도x))

*연간 2,000만원 한도 (참고 : 연금소득공제는 연간 900만원 한도)

연금소득 과세체계

연금소득 = 공적연금소득* + 사적연금소득**

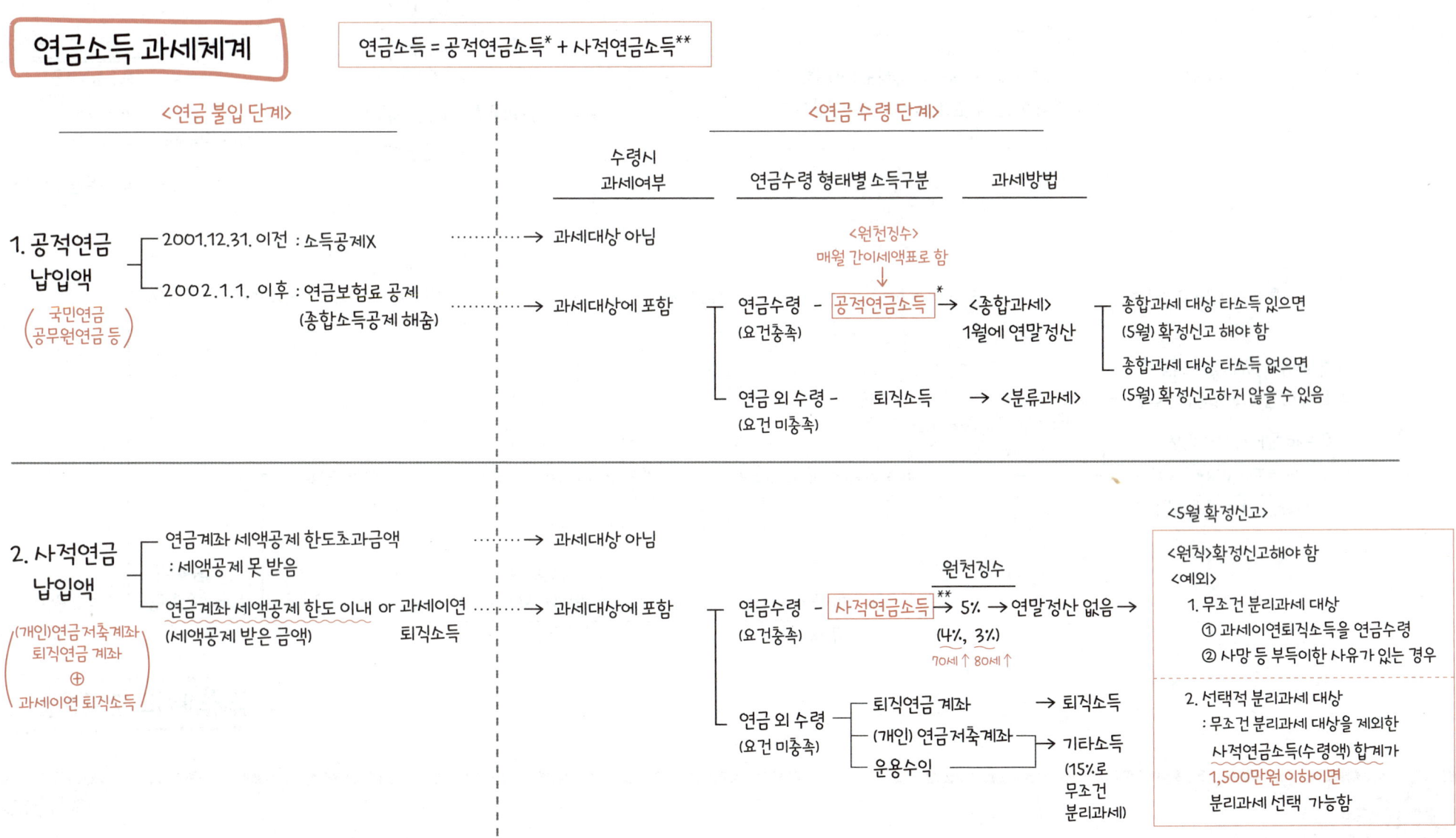

<연금 불입 단계> / <연금 수령 단계>

연금 불입 단계		수령시 과세여부	연금수령 형태별 소득구분	과세방법	
1. 공적연금 납입액 (국민연금 공무원연금 등)	2001.12.31. 이전 : 소득공제X	→ 과세대상 아님			
	2002.1.1. 이후 : 연금보험료 공제 (종합소득공제 해줌)	→ 과세대상에 포함	연금수령 (요건충족) - 공적연금소득* (<원천징수> 매월 간이세액표로 함)	→ <종합과세> 1월에 연말정산	종합과세 대상 타소득 있으면 (5월) 확정신고 해야 함 / 종합과세 대상 타소득 없으면 (5월) 확정신고하지 않을 수 있음
			연금 외 수령 (요건 미충족) - 퇴직소득	→ <분류과세>	
2. 사적연금 납입액 ((개인)연금저축계좌 퇴직연금 계좌 ⊕ 과세이연 퇴직소득)	연금계좌 세액공제 한도초과금액 : 세액공제 못 받음	→ 과세대상 아님			
	연금계좌 세액공제 한도 이내 (세액공제 받은 금액) or 과세이연 퇴직소득	→ 과세대상에 포함	연금수령 (요건충족) - 사적연금소득**	원천징수: → 5% (4%, 3%) (70세↑ 80세↑) → 연말정산 없음 →	<5월 확정신고>
			연금 외 수령 (요건 미충족) - 퇴직연금 계좌	→ 퇴직소득	
			연금 외 수령 (요건 미충족) - (개인) 연금저축계좌, 운용수익	→ 기타소득 (15%로 무조건 분리과세)	

<5월 확정신고>

<원칙>확정신고해야 함

<예외>

1. 무조건 분리과세 대상
   ① 과세이연퇴직소득을 연금수령
   ② 사망 등 부득이한 사유가 있는 경우

2. 선택적 분리과세 대상
   : 무조건 분리과세 대상을 제외한 사적연금소득(수령액) 합계가 1,500만원 이하이면 분리과세 선택 가능함

기타소득 : 열거주의 과세방법, 타소득 우선

1. 강연료
   - 고용관계 있는 경우 : 근로소득
   - 고용관계 없는 경우
     - 계속·반복적 : 사업소득
     - 일시·우발적 : 기타소득

2. 지역권·지상권의 설정
   - 지역권·지상권의 설정·대여 : 공익사업과 관련된 경우에 한하여 기타소득, 그 외의 경우 사업소득(부동산 임대업)
   - 전세권의 대여 : 사업소득
   - 지상권의 양도 및 전세권의 양도 : 양도소득

3. 계약의 위약·해약에 의한 손해배상금
   → 정신적 피해 등으로 인한 손해배상금은 미열거 소득(과세x)

4. 영업권
   - 토지·건물·부동산에 관한 권리(사업용 유형자산)와 함께 양도 : 양도소득
   - 위 이외 : 기타소득(영업권에는 점포임차권이 포함됨)

5. 연금 계좌에서 연금 외 수령한 금액과 운용수익 : 기타소득

6. 서화 및 골동품의 양도소득(양도일 현재 생존해 있는 국내 원작자 작품은 제외)

7. 복권, 슬롯머신 등, 뇌물, 알선수재, 배임수재로 받는 금품

8. 퇴직 후 받은 직무발명보상금, 퇴직 후 또는 고용관계 없이 받은 주식매수선택권 행사 이익

9. 가상자산을 양도하거나 대여함으로써 발생하는 소득 (=가상자산 소득)

* 기타소득금액의 계산구조

총 수입금액
(-) 필요경비 … 실제필요경비 or 법정필요경비 (60%, 80%, 90%)
기타소득금액

*추정필요경비 적용시

추정필요경비보다 실제필요경비가 더 큰 경우 큰 금액을 필요경비로 인정

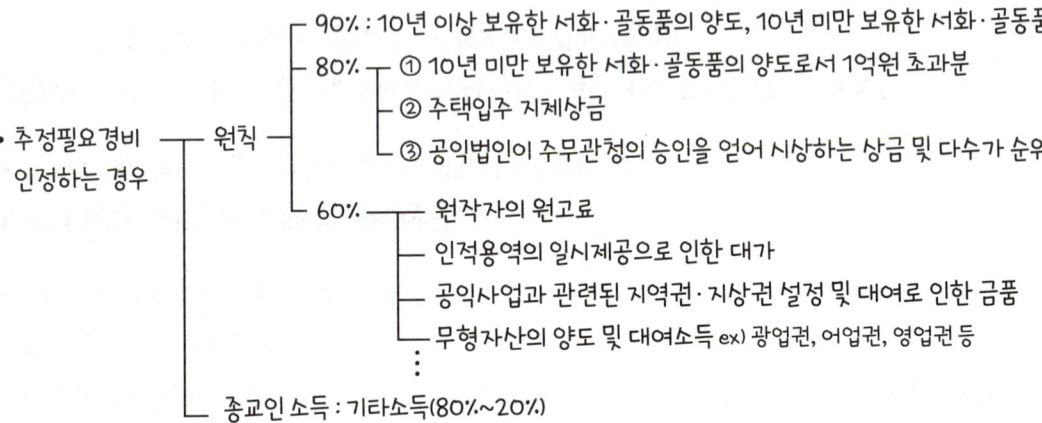

- 추정필요경비 인정하는 경우
  - 원칙
    - 90% : 10년 이상 보유한 서화·골동품의 양도, 10년 미만 보유한 서화·골동품의 양도로서 1억원 이하분
    - 80%
      - ① 10년 미만 보유한 서화·골동품의 양도로서 1억원 초과분
      - ② 주택입주 지체상금
      - ③ 공익법인이 주무관청의 승인을 얻어 시상하는 상금 및 다수가 순위 경쟁하는 대회에서 입상자가 받는 상금과 부상
    - 60%
      - 원작자의 원고료
      - 인적용역의 일시제공으로 인한 대가
      - 공익사업과 관련된 지역권·지상권 설정 및 대여로 인한 금품
      - 무형자산의 양도 및 대여소득 ex) 광업권, 어업권, 영업권 등
      - ⋮
  - 종교인 소득 : 기타소득(80%~20%)

■ 기타소득의 원천징수세액
= 기타소득금액 × 원천징수세율
(필요경비 차감 후!!) (원칙 : 20%) … ↗ 복권 3억↑ = 30% / ↘ 연금 외 수령 기타소득 : 15%

* 기타소득 과세방법

1. 무조건 분리과세
   ① 복권당첨금, 승마투표권 등, 슬롯머신 당첨금품 : 20% (3억원 초과분은 30%)
   ② 연금계좌에서 연금 외 수령하는 기타소득 : 15%
   ③ 서화 및 골동품의 양도소득 : 20%

2. 무조건 종합과세
   : 뇌물, 알선수재 및 배임수재로 인한 금품

3. 선택적 분리과세
   : 기타 소득금액 합계액이 300만원 이하인 경우 분리과세 선택 가능
   ① 사적연금소득(수령액) : 1,500만원 이하
   ② 기타소득금액 : 300만원 이하

*단, "계약금이 위약금으로 대체된 경우 손해배상금"은 원천징수 대상이 아니므로 종합소득세 신고서에 반영하되 기본세율(초과누진세율)이 아닌 20% 선택 적용 가능

결손금과 이월결손금 공제

*결손금 소급공제 요건(①, ②, ③ 모두 충족)

① 중소기업의 사업소득(부동산임대업 제외)
② 직전 당해연도 과세표준 신고기한 내에 소득세 신고
③ 환급신청 해야 함

	결손금 통산	이월결손금 공제	결손금 소급공제
상가임대 (주거용 부동산임대업 이외)	×	O (주거용 부동산 임대업 이외의 부동산임대업에서만 이월 공제 가능함)	×
주택임대 (주거용 부동산임대업)	O	O (타소득과 통산 가능)	×
(부동산 임대업 이외의) 사업소득	O	O	O

부동산임대업은 (주택+상가 포함) 소급공제 불가능

*소득세법상 주거용 부동산임대업은 결손금 통산 및 이월결손금 공제는 가능 단, 주거용 부동산임대업이라고 하더라도 결손금소급공제는 불가능함

→ 사업소득(주거용 부동산임대업을 제외한 부동산임대업 제외)이 있는 거주자는 결손금 통산, 이월결손금 공제 가능

*결손금 공제 순서

1. 결손금 통산(같은 과세기간의 타소득과 통산) : 근 연 기 이 배
↓
2. 사업소득(주거용 부동산 임대업 외의 부동산 임대업 제외)의 이월결손금 공제(15년) : 사 근 연 기 이 배
↓
3. 부동산 임대업(주거용 부동산 임대업 제외)의 이월결손금 공제(15년)

종합소득공제

	종합소득금액
(-)	종합소득공제
	종합소득 과세표준
(x)	(기본)세율
	종합소득 산출세액
(-)	세액감면·세액공제
	종합소득 결정세액
(-)	기납부세액
	차가감 납부할 세액

↓ 차가감 납부세액이 1천만원 초과시 분납가능

종합소득공제

1. 인적공제 (종합소득있는 거주자)
   - 기본공제 : 1인당 150만원
   - 추가공제
     - ① 부녀자 공제 : 50만원
     - ② 한부모 공제 : 100만원
     - ③ 경로자 공제(70세 이상) : 1인당 100만원
     - ④ 장애인 공제 : 1인당 200만원
   - → ①, ② 겹치면 한부모 공제만 적용
   - 기본공제 대상자가 아니면 추가공제를 받지 못함
2. 연금보험료 공제(공적연금 납입액 전액) (종합소득 있는 거주자)
3. 주택담보 노후연금 이자비용 공제 : 연간 200만원 한도 (연금소득 있는 거주자)
4. 특별소득공제 ★ (근로소득 있는 거주자)
   - 보험료 소득공제(건강보험, 고용보험 납입액 전액)
   - 주택자금 소득공제

***종합소득 세액공제**

1. 배당 세액공제(Gross-up)
2. 근로소득 세액공제
   - 일반근로 : 55%, 30%(한도있음)
   - 일용근로 : 55%(한도없음)
3. 기장세액공제 : 사업소득자(간편장부대상자가 복식부기로 기장)
   → 20%(한도 100만원)
4. 재해손실 세액공제 : 재해 상실 비율 20% 이상
5. 외국납부 세액공제 : 10년 이월공제
   (사업소득자는 직접 외국납부세액에 대해 필요경비 산입 선택 가능)
   - 4, 5 → 소득세, 법인세 공통
6. 연금계좌 세액공제 : 사적연금 납입액 중 일정 한도 이내
   → 12% or 15%
7. 자녀세액공제
   - 인원 수 (8세 이상인 기본공제 대상 자녀)
   - 출생·입양 (기본공제 대상 자녀)
8. 특별세액공제
   - 항목별 세액공제
     - 교육비 세액공제(나이 무관) : 15%
     - 기부금 세액공제(나이 무관) : 15%(30%)
     - 의료비 세액공제 : 15%(20%, 30%) (나이·소득 무관)
     - 보험료 세액공제 : 12%(15%)
   - 표준 세액공제
     - 근로소득자 : 13만원
     - 성실사업자 : 12만원
     - 위 이외 : 7만원

기본공제 대상자 요건 (요건 충족해야 1인당 150만원 공제) : 관계요건, 생계요건, 나이요건, 소득금액 요건

1. 관계 요건

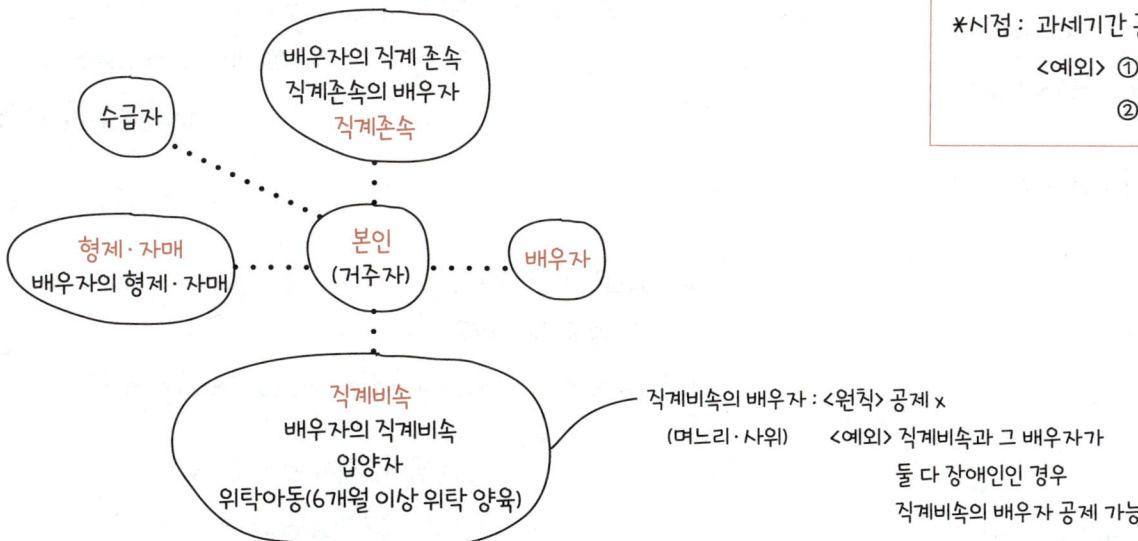

*시점 : 과세기간 종료일 현재의 상황에 의한다.
<예외> ① 사망 : 사망일 전일의 상황에 의해 판단
② 장애가 치유된 자 : 장애 치유일 전일 상황에 의해 판단

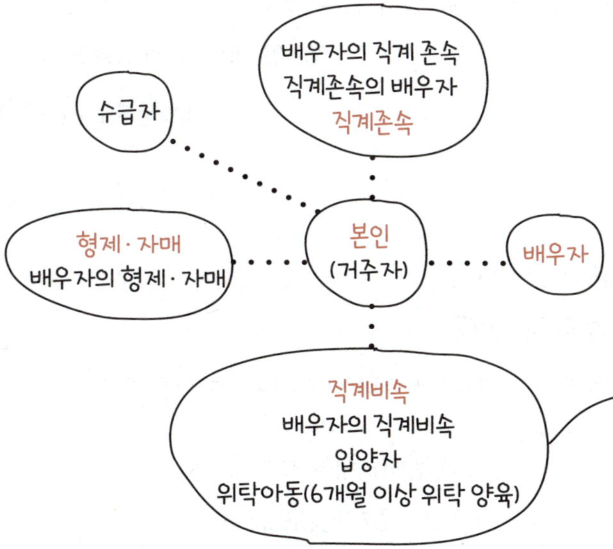

직계비속의 배우자 : <원칙> 공제 x
(며느리 · 사위) <예외> 직계비속과 그 배우자가 둘 다 장애인인 경우 직계비속의 배우자 공제 가능

2. 생계 요건 : 12/31 현재 생계를 같이 해야 함

① 단, 배우자와 직계비속 · 입양자 : 생계요건 x ⟶ 무조건 생계를 같이 하는 것으로 봄
② 직계존속 : <원칙> 생계를 같이 해야 함
<예외> 주거형편상 별거시 인정
③ 취학 · 질병의 요양 · 근무상 또는 사업상 형편 등으로 일시 퇴거한 경우 : 생계를 같이하는 것으로 봄

3. 나이 요건 : 20세 이하, 60세 이상

ex) 1년 중 단 하루라도 20세 ⟶ 공제가능
(본인, 배우자, 장애인은 나이요건 없음)

4. 소득금액 요건 : ①또는② (본인만 제외)

① 종합소득금액 + 퇴직소득금액 + 양도소득금액 = 합계가 연 100만원 이하
② 근로소득만 있는 경우 총 급여액 연 500만원 이하

세액공제

1. 자녀세액공제 = ①+②

① 기본공제 대상 자녀(입양자·위탁아동 포함) 중 8세 이상인 자

- 1인 : 25만원, 2인 : 55만원
- 2인 초과 1인당 40만원 추가

ex. 8세, 9세, 11세 자녀가 있는 경우
(55만원 + 40만원) = 95만원

② 기본공제 대상 자녀의 출생·입양

- 첫째 : 1인당 30만원
- 둘째 : 1인당 50만원
- 셋째 이후 : 1인당 70만원

2. 특별세액공제

<1> 보험료 세액공제 : ①+②

① 일반 보장성 보험료 : 기본공제 대상자를 위해 지출
(100만원 한도) × 12%

② 장애인 전용 보장성 보험료 : 기본공제 대상자인 장애인
(100만원 한도) × 15%

<2> 의료비 세액공제 = ①+②+③ +④ 치료목적, 기본공제 대상자 위해 지출 (나이·소득요건 제외)

① 일반의료비 : 700만원 한도

Min (의료비 지출액-총급여액×3%, 700만원) × 15%

② 본인 등 의료비(본인, 장애인, 65세 이상, 6세 이하인 자) 지출액 × 15%
(단, ①이 총급여액의 3%에 미달하는 경우 ②,③,④에서 순서대로 해당 금액 차감)

③ 선천성 이상아, 미숙아 치료비 × 20%

④ 난임 시술비 × 30%

*중증질환자, 희귀난치성질환자, 결핵환자 등은 ②본인 등 의료비에 포함(∴700만원 한도 적용하지 않음)

3. 연금계좌 세액공제(개인연금계좌 + 퇴직연금계좌)

: 사적연금 납입액 중 법정 한도 이내의 금액 × 적용률

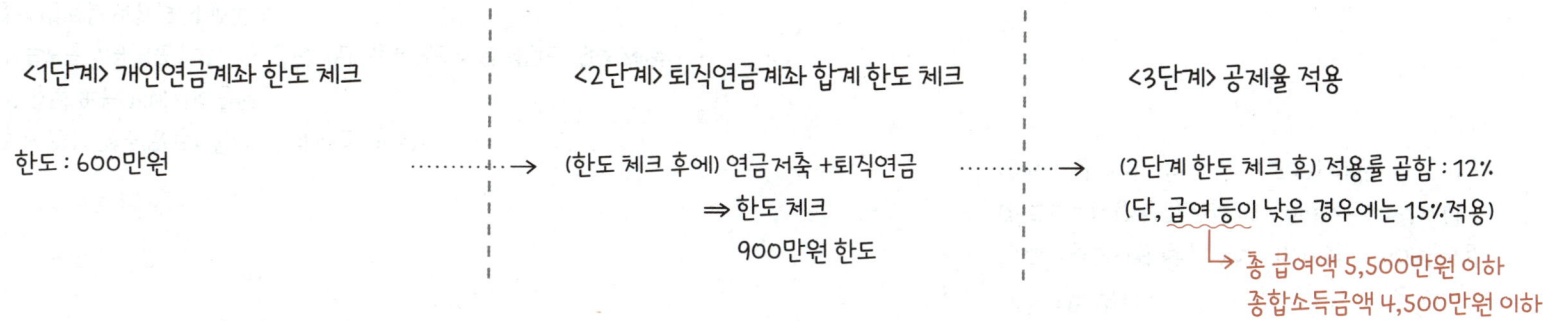

<1단계> 개인연금계좌 한도 체크	<2단계> 퇴직연금계좌 합계 한도 체크	<3단계> 공제율 적용
한도 : 600만원 ··········→	(한도 체크 후에) 연금저축 +퇴직연금 ⇒ 한도 체크 900만원 한도 ··········→	(2단계 한도 체크 후) 적용률 곱함 : 12% (단, 급여 등이 낮은 경우에는 15%적용) → 총 급여액 5,500만원 이하 종합소득금액 4,500만원 이하

◇ 참고 : 특수한 경우의 종합소득공제

① 거주자가 공제 관련 서류를 제출하지 않은 경우에는 본인의 기본공제와 표준세액공제만 적용함
단, 나중에 서류 제출시에는 해당 항목 공제해 줌

② 비거주자가 종합소득세 신고시에는 본인분 기본공제와 본인분 추가공제만 적용함

③ 수시부과시에는 본인분 기본공제만 적용

양도소득

소유권 이전
- 유상 : 양도인 → 양수인 : 양도소득세(양도인에게 과세)
- 무상
  - 증여자 → 수증자 : 증여세(수증자에게 과세)
  - 피상속인 → 상속인 : 상속세(상속인에게 과세)

1. 양도소득 = 양도소득세 과세 대상(열거된 것)을 & 유상으로 양도한 경우, 양도소득에 대한 소득세 과세

① 부동산
- 토지 · 건물 · 부동산에 관한 권리
- 사업용 부동산과 함께 양도하는 영업권
- 특정 주식
- 골프회원권 등

② 주식
- 비상장 주식의 양도
- 상장 주식 중
  - 대주주 양도분
  - 장외 거래분

③ 파생상품

④ 신탁수익권

◇ 참고

대주주의 범위

① 유가증권시장 상장 주식 : 1% 이상 or 50억 이상
② 코스닥시장 상장 주식 : 2% 이상 or 50억 이상
③ 비상장 주식 : 4% 이상 or 50억 이상

* 양도로 보지 않는 경우(양도소득세 과세 대상 아님)

- 보류지로 충당 또는 체비지로 충당
- 공동소유토지를 소유지분별로 단순 분할 (단, 공유지분이 변경되는 경우 제외)
- 토지 경계 변경을 위한 토지 교환 등

2. 비과세 양도소득

① 1세대 1주택의 양도로 발생하는 소득(2년 이상 보유) … * 1세대 범위
② 파산선고에 의한 처분으로 발생하는 소득
③ 농지의 교환과 분합으로 발생하는 소득

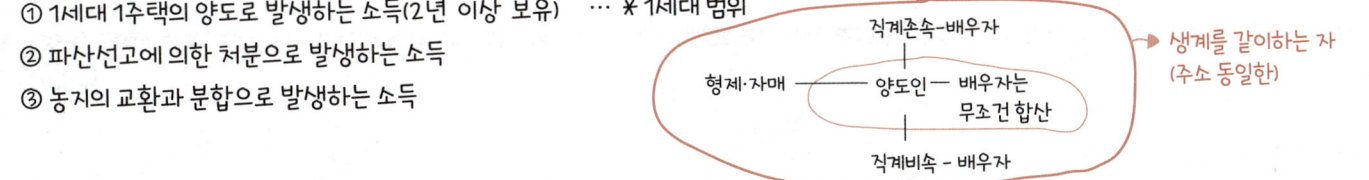

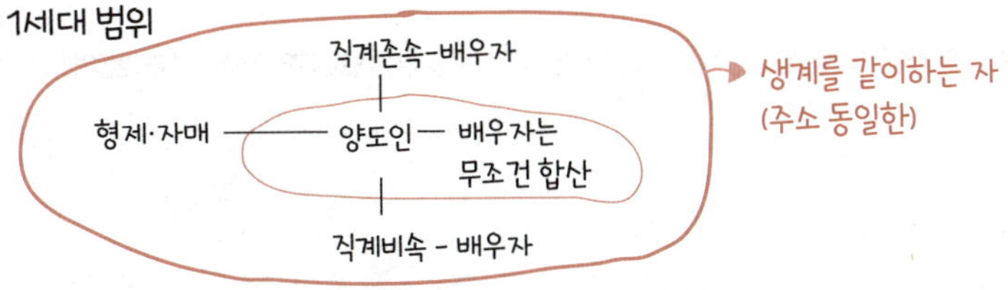

* 참고사항

① 영업권의 양도 : 기타소득
   사업용 유형자산인 부동산과 함께 양도하는 영업권 : 양도소득
   토지, 건물, 부동산에 관한 권리

② 부동산 등 일시우발적 양도 : 양도소득 ·························→ 부동산 양도소득 예정신고 : 양도일이 속하는 달의 말일로부터 2개월
   부동산 등 계속·반복적 양도 : 사업소득(부동산 매매업) ···→ 매매일이 속하는 달의 말일로부터 2개월

③ 이혼 시 부동산 소유권 이전
   이혼위자료로 부동산 지급 : 위자료 지급하는 자에게 양도소득세 과세, 지급받는 자는 과세 안함(미열거 소득)
   재산분할청구권 행사로 소유권 이전 : 양도로 보지 않음. 지급받는 자도 과세 안함

* 이월과세와 부당행위계산부인(우회양도) 비교 : [1]과 [2]가 중복되면 [1]을 우선 적용 (*참고 : 이월과세는 '부동산, 부동산에 관한 권리, 주식, 이용권, 회원권'에 대해 적용)

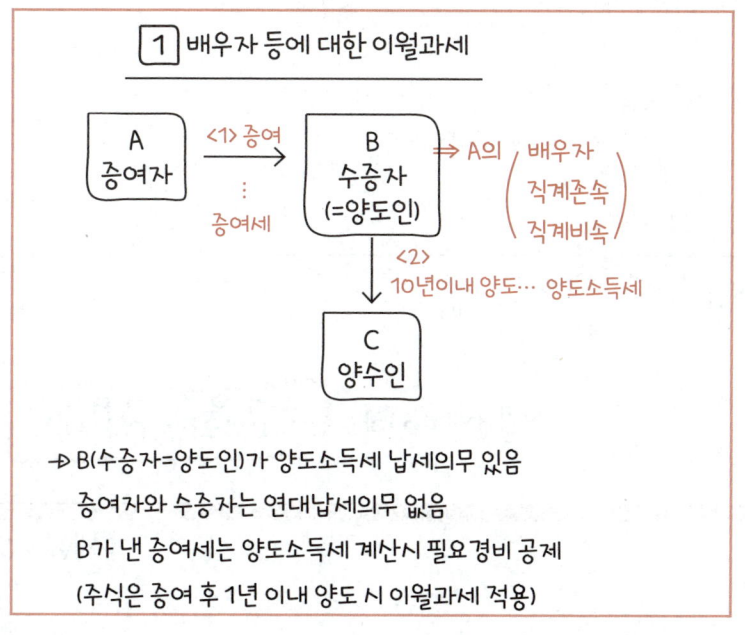

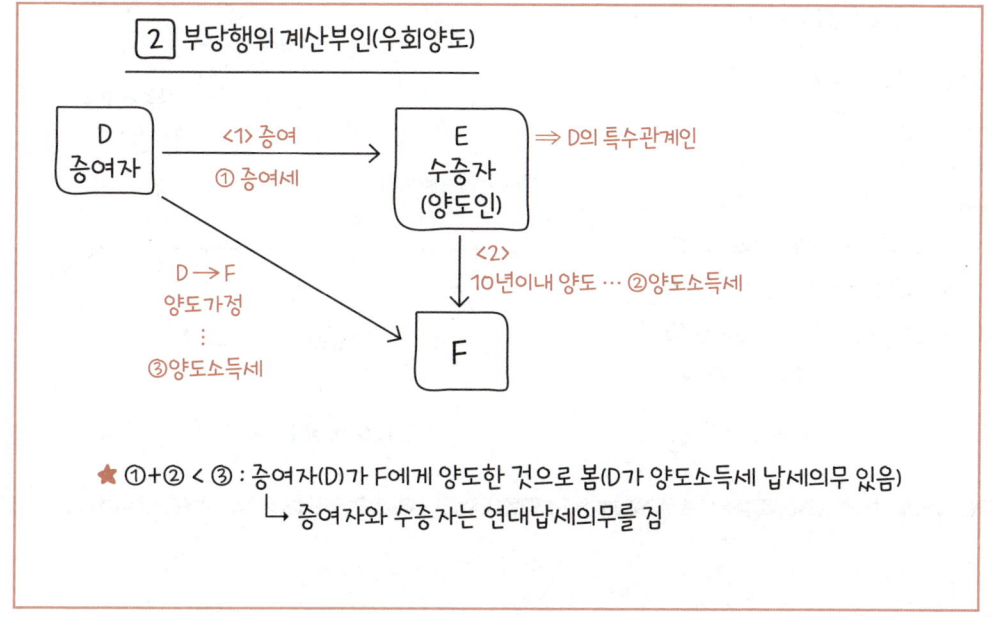

[1] 배우자 등에 대한 이월과세

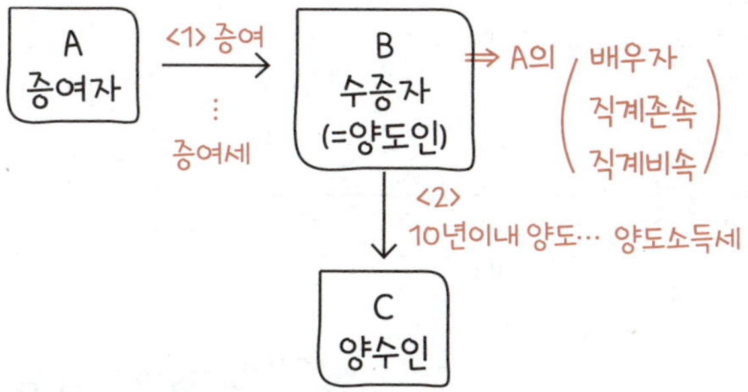

→ B(수증자=양도인)가 양도소득세 납세의무 있음
증여자와 수증자는 연대납세의무 없음
B가 낸 증여세는 양도소득세 계산시 필요경비 공제
(주식은 증여 후 1년 이내 양도 시 이월과세 적용)

[2] 부당행위 계산부인(우회양도)

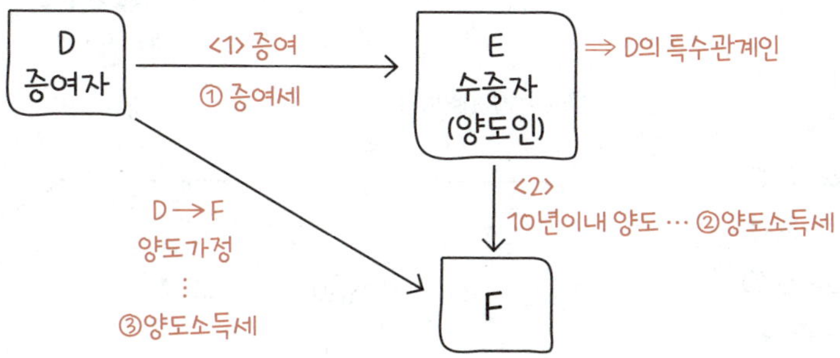

★ ①+② < ③ : 증여자(D)가 F에게 양도한 것으로 봄(D가 양도소득세 납세의무 있음)
↳ 증여자와 수증자는 연대납세의무를 짐

사업장 현황신고

개인 면세사업자

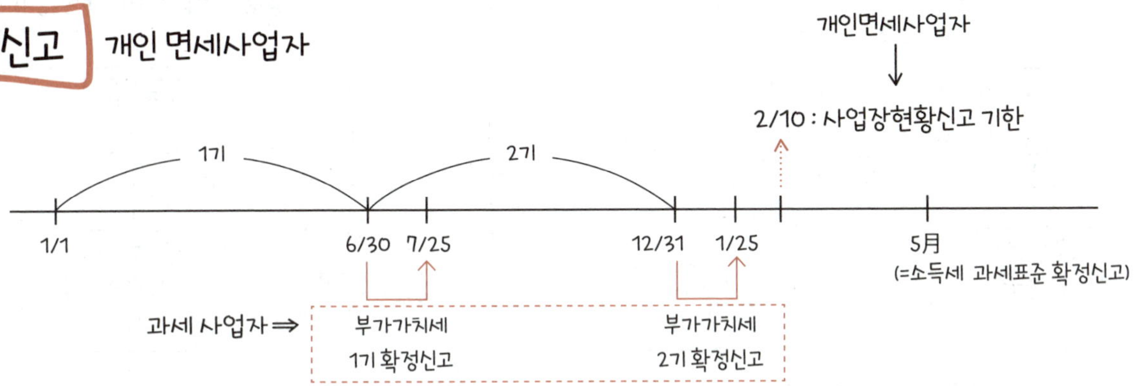

*면세사업자는 부가가치세 신고 안 함 → 매출액 모름 → 사업장 현황 신고 의무

*납세조합을 통하여 납부한 경우 사업장 현황 신고 하지 않아도 됨

★ 암기 Tip!

<소액부 징수>

① 원천징수세액 1천원 미만 (이자소득등 제외)

② 납세조합징수세액 1천원 미만

③ 중간예납세액 50만원 미만

* 이자소득과 면세 인적용역에 대한 사업소득은 원천징수세액이 1천원 미만인 경우에도 원천징수 하여야 함(소액부징수의 예외)

* 전자계산서 발급 및 전송세액공제
- 직전연도 총수입금액 3억원 미만인 개인사업자
- 건당 200원
- 연간 한도 100만원

* 전자기부금영수증 발급기한
- 다음연도 1월 10일

성실신고 확인서 제출 제도

: 사업수입금액이 일정금액 이상인 사업자는 종합소득 확정신고 시 세무사등이 확인한 성실신고확인서 제출해야 함

미제출가산세 : 사업소득산출세액의 5%와 총수입금액의 1만분의 2 중 큰 금액

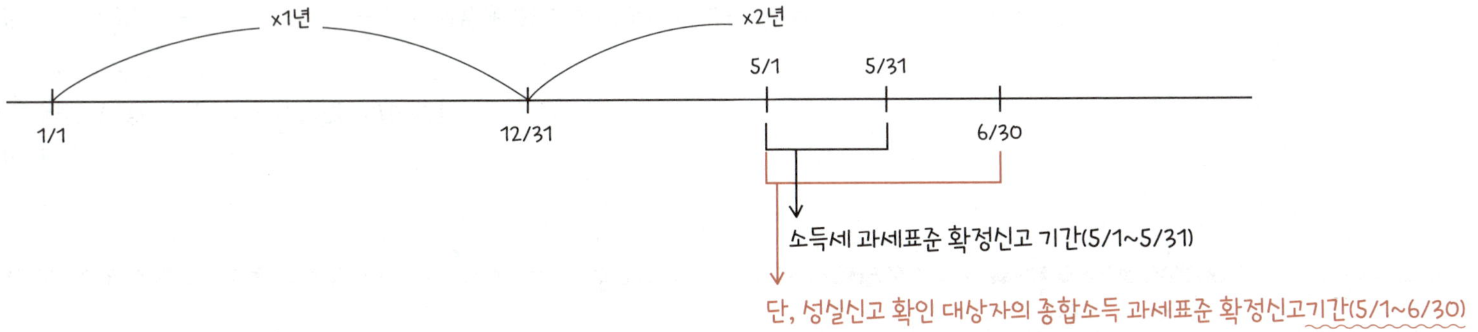

법인세법

남정선 세무사의 세법 필기노트

04 법인세법

법인세와 소득세 비교

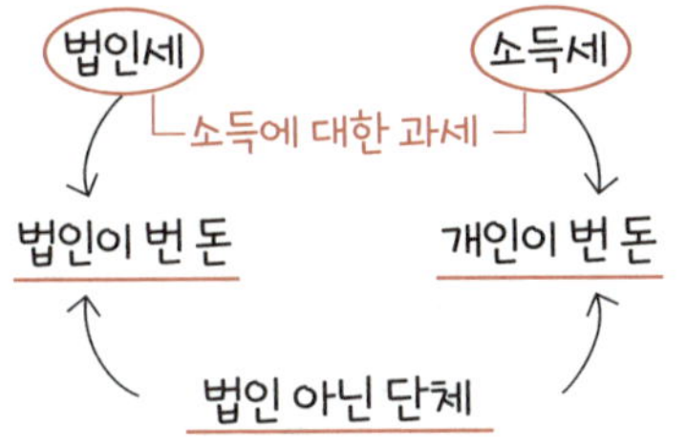

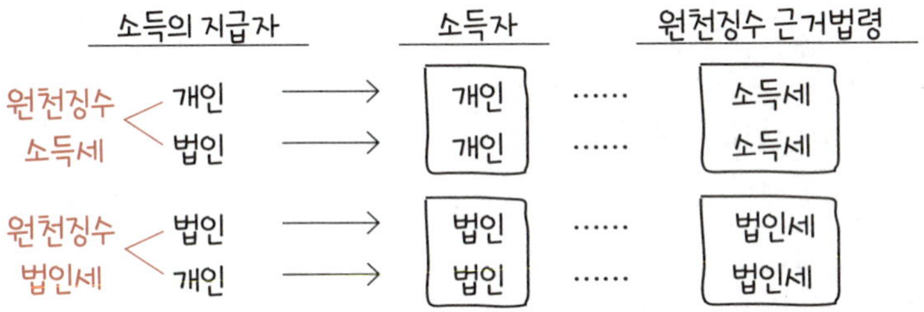

*과세소득 규정 방법

<소득세>	vs	<법인세>
소득원천설		순자산 증가설 (종합과세)
↓		↓
열거주의 과세 (단, 이자&배당은 유형별 포괄주의)		포괄주의 과세 (단, 비영리법인의 수익사업 등은 열거주의)

* 용어의 정의

1. 내국법인 : 국내에 본점이나 주사무소 또는 사업의 실질적 관리장소를 둔 법인

2. 비영리 내국법인
   - 「민법」에 따라 설립된 법인
   - 「사립학교법」이나 특별법에 따라 설립된 법인으로서 「민법」에 규정된 목적과 유사한 목적을 가진 법인
   - 「국세기본법」에 따른 법인으로 보는 단체

3. 외국법인 : 외국에 본점 또는 주사무소를 둔 단체(국내에 실질적 관리장소 있는 경우 제외)

4. 비영리 외국법인 : 외국의 정부·지방자치단체 및 영리를 목적으로 하지 않는 법인(법인으로 보는 단체 포함)

5. 사업연도 : 법인의 소득을 계산하는 1회계기간

6. 연결납세방식 : 둘 이상의 내국법인을 하나의 과세표준과 세액을 계산하는 단위로 하여 법인세를 신고·납부하는 방식(내국법인만 적용 가능)
   ↳ 연결납세방식을 적용받는 내국법인을 '연결 법인'이라 하고 연결법인 전체를 '연결 집단' 이라 한다.

7.
   - 연결 모법인 : 연결 집단 중 다른 연결 법인을 연결지배(90%이상 지배)하는 연결 법인
   - 연결 자법인 : 연결 모법인의 연결지배를 받는 연결 법인

8. 연결 사업연도 : 연결 집단의 소득을 계산하는 1회계기간

법인세 종류별 납세의무

<법인세 과세표준 신고기한>
* 각사업연도소득 신고기한 : 사업연도 종료일이 속하는 달의 말일부터 3개월 이내(성실신고확인서 제출 대상은 4개월 이내)
* 청산소득 신고기한 : 잔여재산가액 확정일이 속하는 달의 말일부터 3개월 이내

(①+③)은 신고 및 납부시기 동일함
하나의 신고서에 함께 작성하여 신고

	구분	법인유형	① 각 사업연도 소득	② 청산소득	③ 토지 등 양도소득
과세 법인	내국법인 (무제한 납세의무자) cf. 거주자	영리 법인	국내외 원천+모든 소득	O	O
		비영리 법인	국내외 원천+수익사업소득	×	O
	외국법인 (제한 납세의무자) cf. 비거주자	영리 법인	국내 원천+모든소득	×	O
		비영리 법인	국내 원천+수익사업소득	×	O
비과세 법인	국가·지방자치단체·지방자치단체조합		법인세 납세의무 없음!	×	×

★ 비영리 법인 : 고유목적 사업 + 수익사업에 과세
외국의 국가 · 지방자치단체는 비영리 외국법인에 포함

→ 주택 · 비사업용 토지
(①에 더하여 납부하는 법인세)

◇ 참고

조세특례제한법상
투자 · 상생협력 촉진을 위한
과세특례로서 미환류 소득의 20%를
법인세로 추가 납부하여야 함

*법인세 세율(4단계 초과누진세율)

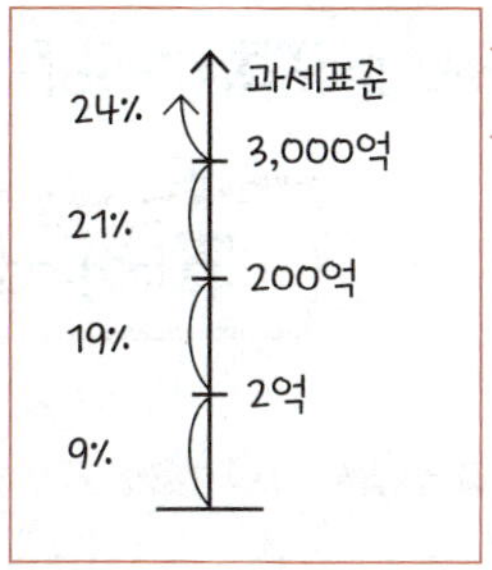

(*단, 성실신고확인서 제출 대상 법인은 과세표준 200억원 이하 구간 전체에 대해 19%세율 적용함(2025년 개정))

→ ① 각 사업연도 소득금액에 대한 법인세
→ ② 청산소득에 대한 법인세

③ 토지 등 양도소득에 대한 법인세
: 주택은 20%, 비사업용 토지는 10%
(단, 미등기시 40%)

<사례>

ex) 등기된 비사업용 토지 매각 시 법인세(양도가액 10억, 장부가액 5억) 산출세액 = ① + ③ = 1억2천오백만원

①각 사업연도 소득에 대한 법인세
2억 × 9% + 3억 × 19%
= 7,500만원

⊕

③ 토지 등 양도소득에 대한 법인세
5억 × 10%
= 5,000만원

사업연도

1. 사업연도(=법인세 과세기간)

<원칙> 정관or법령에 정해진 1회계기간
★ 단, 1년을 초과할 수 없다.

<예외>
① 내국법인 - 정관 or 법령에 정해진 회계기간이 없는 경우
② 외국법인 ┌ 국내 사업장이 있는 경우
└ 국내 사업장이 없는 경우로서 부동산 등 소득이 있는 경우(★1개월 이내 신고)
→ 사업연도를 정하여 신고해야 한다.★
⇒ 신고하지 않은 경우 1/1~12/31

> * 최초 사업연도 개시일
> ① 내국법인 : 설립등기일(~사업연도 종료일)
> ② 사업연도 개시 전 손익을 법인에 귀속시킨 경우
> : 귀속시킨 손익이 최초로 발생한 날
> (단, 사업연도는 1년 초과할 수 없음)
> ③ 외국법인 : 국내사업장을 가지게 된 날
> (국내사업장이 없는 경우
> : 최초로 소득이 발생한 날)

2. 사업연도 변경

: 직전 사업연도 종료일부터 3개월 이내에 사업연도 변경신고 해야 함

ex) 9월 말 법인 → 12월 말 법인

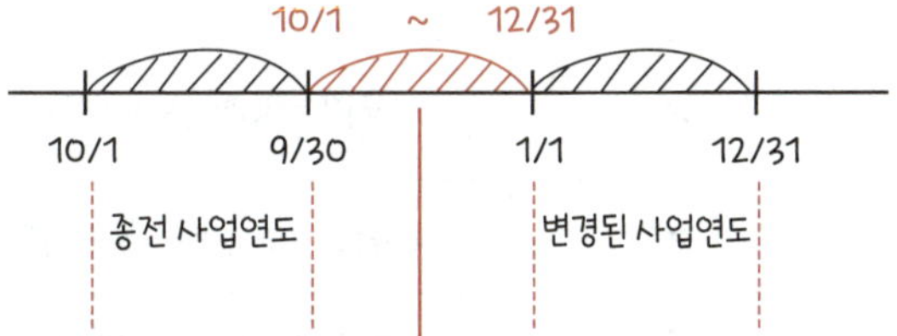

* 종전 사업연도 개시일부터 변경된 사업연도 개시일 전일까지의 기간을 1사업연도로 한다.
단, 그 기간이 1개월 미만인 경우 변경된 사업연도에 포함한다.

> *변경신고 안한 경우
> <원칙> 종전의 사업연도 적용
> <예외> 법령 개정으로 인한 변경
> → 변경된 사업연도 적용

3. 사업연도 의제

① 해산(합병 또는 분할로 인한 해산 제외)
ex) 정관의 회계기간(1/1~12/31)

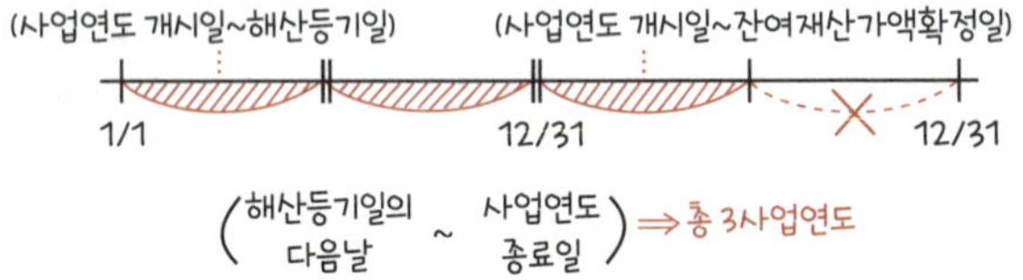

② 합병 또는 분할로 인한 해산(A+B=B)
: A의 사업연도는 사업연도 개시일부터 합병등기일까지

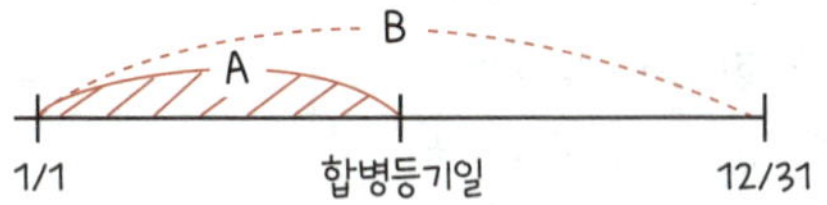

③ 계속등기

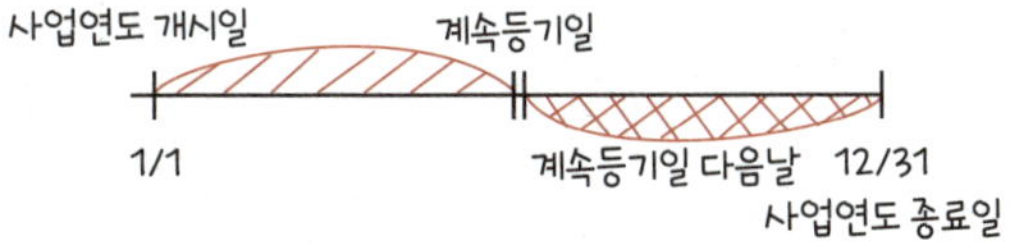

④ 연결 납세방식 적용
: 사업연도 개시일부터 연결 사업연도 개시일 전일까지

⑤ 외국법인의 국내사업장이 하나도 남지 않게 된 경우
: 사업연도 개시일부터 사업장을 가지지 않게 된 날까지

⑥ 국내사업장이 없는 외국법인이 부동산소득이 발생하지 않게 되어 신고하는 경우 : ~신고일까지

법인세의 계산구조

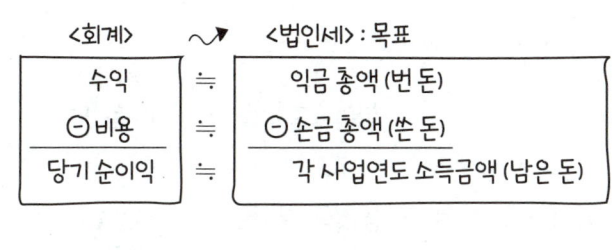

<회계>		<법인세> : 목표
수익	≒	익금 총액 (번 돈)
⊖ 비용	≒	⊖ 손금 총액 (쓴 돈)
당기 순이익	≒	각 사업연도 소득금액 (남은 돈)

회사의 회계처리	법인세법	
수익으로 회계처리한 경우	익금 항목	
	익금불산입항목 ⊖	(-) 익금 불산입
수익으로 회계처리하지 않은 경우	익금 항목 ⊕	(+) 익금 산입
	익금불산입항목	
비용으로 회계처리한 경우	손금항목	
	손금불산입항목 ⊕	(+) 손금 불산입
비용으로 회계처리하지 않은 경우	손금항목 ⊖	(-) 손금 산입
	손금불산입항목	

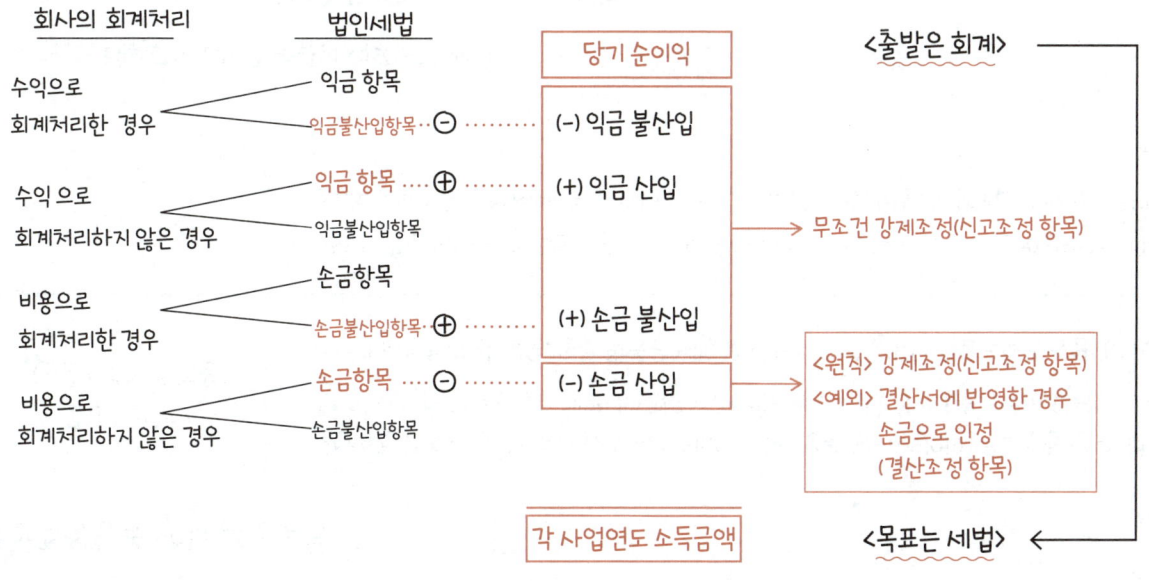

당기 순이익

(-) 익금 불산입 / (+) 익금 산입 / (+) 손금 불산입 → 무조건 강제조정(신고조정 항목)

(-) 손금 산입 → <원칙> 강제조정(신고조정 항목)
<예외> 결산서에 반영한 경우 손금으로 인정 (결산조정 항목)

각 사업연도 소득금액

<출발은 회계> → <목표는 세법>

<당기 순이익>

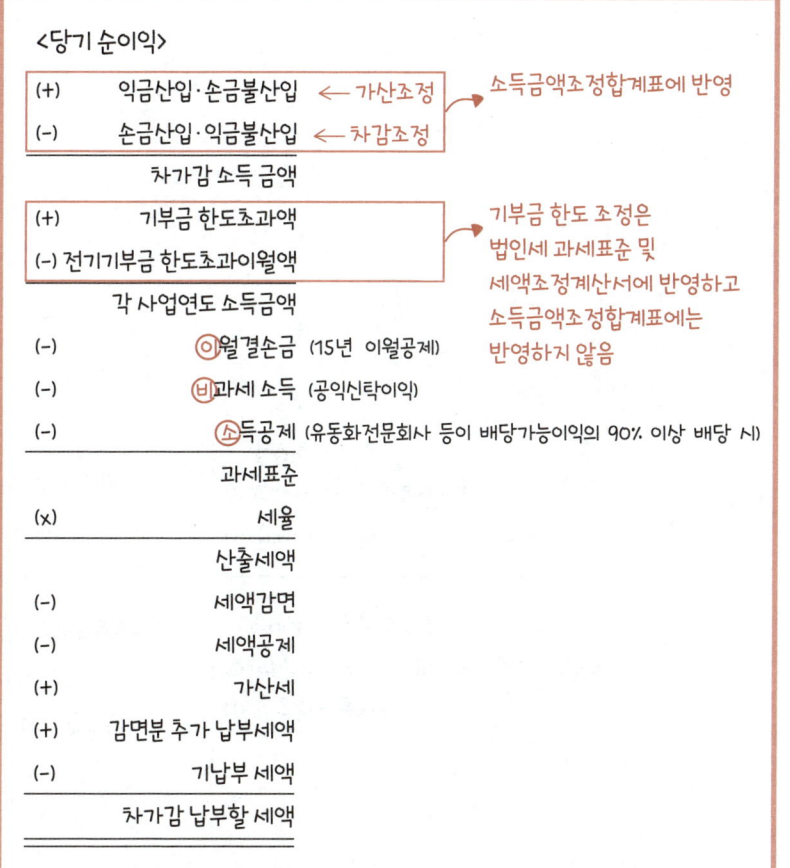

(+)	익금산입·손금불산입 ← 가산조정	소득금액조정합계표에 반영
(-)	손금산입·익금불산입 ← 차감조정	
	차가감 소득 금액	
(+)	기부금 한도초과액	기부금 한도 조정은 법인세 과세표준 및 세액조정계산서에 반영하고 소득금액조정합계표에는 반영하지 않음
(-)	전기기부금 한도초과이월액	
	각 사업연도 소득금액	
(-)	㊀월결손금 (15년 이월공제)	
(-)	㊁과세 소득 (공익신탁이익)	
(-)	㊂득공제 (유동화전문회사 등이 배당가능이익의 90% 이상 배당 시)	
	과세표준	
(x)	세율	
	산출세액	
(-)	세액감면	
(-)	세액공제	
(+)	가산세	
(+)	감면분 추가 납부세액	
(-)	기납부 세액	
	차가감 납부할 세액	

1. 결산조정항목 · 신고조정항목

결산조정 항목 (손금항목에만 적용)	• 결산조정항목은 결산서에 비용으로 처리하지 않은 경우 손금산입의 세무조정을 할 수 없는 것이 원칙임 (단, 일시상각충당금 등 일부 예외적인 경우 손금산입의 세무조정을 할 수 있는 경우가 있음) • 회사가 비용처리 한 경우, 일부 항목은 세법상 한도 이내의 금액만 손금으로 인정함(감가상각비, 대손충당금)	① 경정청구 불가능 ② (법정요건 충족시) 회사가 손금의 귀속시기를 임의로 조정할 수 있음
신고조정 항목	• 회사가 결산서에 수익 또는 비용으로 계상(회계처리)하지 않더라도 무조건 법인세법에 따라 조정해야 함 • 신고조정항목은 결산서에 수익이나 비용으로 계상했는지의 여부에 관계없이 세법에 맞게 세무조정함	① 경정청구 가능 ② 회사가 손익의 귀속시기를 조정할 수 없음

★ 참고 : 대손금과 대손충당금의 세무조정 방법

- 대손금 (기중분개)
  - 신고조정항목 ex) 상법상 소멸시효 완성
  - 결산조정항목 ex) 부도발생일부터 6개월 이상 지난 어음 또는 수표 등
- 대손충당금 (결산분개) — 결산조정항목

★ 참고 : 법인세법상 준비금의 세무조정 방법

- ① 고유목적사업준비금, ② 비상위험준비금 — 결산조정항목이지만 잉여금 처분에 의한 신고조정 허용
- ③ 책임준비금 — 결산조정 항목(예외 없음)

◇ 참고

일시상각충당금 및 압축기장충당금
<원칙> 결산조정항목
<예외> 신고조정 허용

2. 소득처분

> ①②③은
> 소득처분이 겹치면
> 아래부터 적용
> ex) 주주인 임직원 : 상여

> 배당, 상여, 기타소득은
> 소득세법에 따른 원천징수 해야 함

- 법인세 세무조정
  - 가산조정 (익금산입·손금불산입)
    - 사외유출
      - 소득의 귀속자 불분명 : 대표자 상여
      - 소득의 귀속자가 분명

소득처분	소득의 귀속자	소득세법상 원천징수 의무	귀속자의 소득구분	소득세법상 귀속시기
① 배당	주주	O★	배당소득(인정배당)	해당법인의 결산확정일
② 상여	임직원	O★	근로소득(인정상여)	근로제공일
③ 기타사외유출	• 법인 or 개인사업자의 과세소득 구성 • 국가 등에 귀속 • 무조건 기타사외유출 항목	×	×	×
④ 기타소득	위 이외의 자	O★	기타소득(인정기타소득)	해당법인의 결산확정일

    - 유보 : 세무상 자기자본 > 회계상 자기자본
    - 기타 : ex) 자기주식 처분이익(익금산입)
  - 차감조정 (손금산입·익금불산입) ⇓ 법인세 감소
    - △유보 : 세무상 자기자본 < 회계상 자기자본
    - 기타 : ex) 자기주식 처분손실(손금산입)

> 유보 or △유보는
> 사후관리 필요
> (차기 이후 반드시 반대조정)
> ⇒
>
> | 당기 | → | 차기 이후 |
> |---|---|---|
> | 유보 | → | △유보 |
> | △유보 | → | 유보 |

◇ 참고(소득처분 관련 서식 이름 암기)

* 자본금과 적립금 조정명세서(을)표 : 유보 관리
* 자본금과 적립금 조정명세서(갑)표 : 세무상 자기자본과 세무상 이월결손금 관리

*유보

회계상 자산의 취득가액과 세무상 자산의 취득가액이 서로 다른 경우
유보 or △유보로 소득처분함

<사례>

①

	회계처리		세법상	
자산	100	→	130	… <손금불산입> 자산 30(유보) ↳ 이후 자산 처분시(△유보)처리

②

	회계처리		세법상	
자산	100	→	80	… <익금불산입> 자산 20 (△유보) ↳ 이후 자산 처분시 (유보) 처리

*기타

ex) 회계상 자본잉여금 → 세법상 과세
(자기주식 처분이익)

순자산 총액 영향 x
사외유출 x
차기 이후 관리 필요 x
이번 연도에 과세 O
→ 기타

	회계		법인세법	세무조정
① 자기주식 처분이익	자본잉여금 (당기순이익에 반영x)	→	익금 항목	<익금산입> (기타)
② 자기주식 처분손실	자본조정 (당기순이익에 반영x)	→	손금 항목	<손금산입> (기타)

암기 Tip!

* 무조건 기타사외유출로 소득처분하는 경우

㉠ '특례기부금(50% 한도 기부금)'과 '일반기부금(10% 한도 기부금)'한도초과액 손금불산입액
㉡ 적격증명서류 미수취 기업업무추진비, 기업업무추진비 한도초과액 손금불산입액
㉢ 임대보증금 등의 간주익금(간주임대료)
㉣ 업무용승용차 임차료 중 감가상각비 한도초과액에 해당하는 금액(800만원 초과 금액)의 손금불산입액, 업무용승용차 처분손실 중 한도초과액(800만원 초과 금액)의 손금불산입액
㉤ 업무무관자산 등에 대한 지급이자 손금불산입액
㉥ 사외유출된 금액의 귀속이 불분명하거나 추계로 과세표준을 결정, 경정할 때 대표자에 대한 상여로 소득처분한 경우 당해 법인이 그 처분에 따른 소득세 등을 대납하고 이를 손비로 계상하거나 그 대표자와의 특수관계가 소멸될 때까지 회수하지 아니함에 따라 익금에 산입한 금액
㉦ 불공정 자본거래로 인한 부당행위계산 부인 적용 대상 중 증여세가 과세되는 금액
㉧ 외국법인의 국내사업장의 각 사업연도의 소득에 대한 법인세의 과세표준을 신고하거나 결정 또는 경정함에 따라 익금산입한 금액

익금 및 손금의 개요

* 익금과 손금의 개념

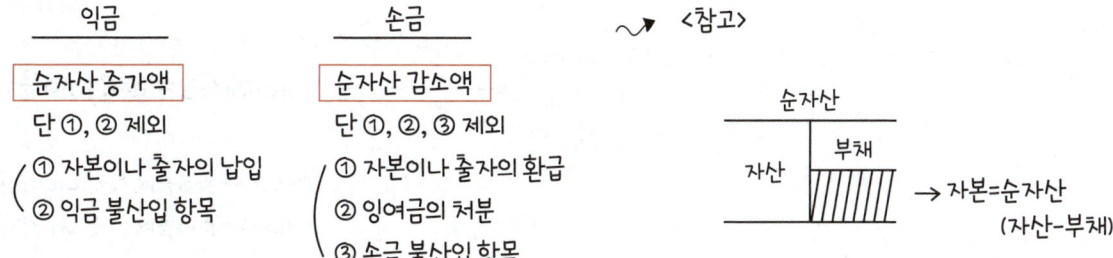

익금	손금
순자산 증가액	순자산 감소액
단 ①, ② 제외	단 ①, ②, ③ 제외
① 자본이나 출자의 납입	① 자본이나 출자의 환급
② 익금 불산입 항목	② 잉여금의 처분
	③ 손금 불산입 항목

→ <참고>

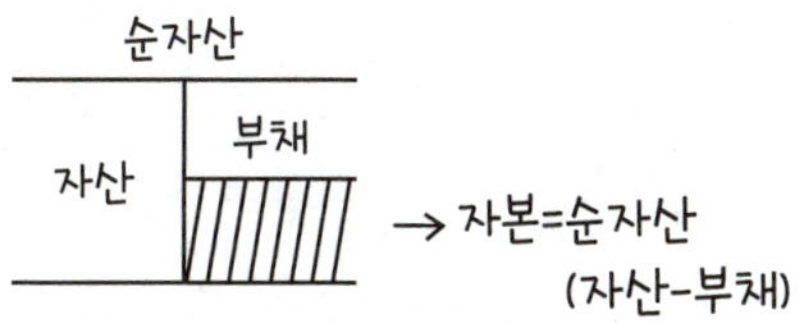

* 익금과 손금항목

익금 항목	손금 항목 및 익금불산입 항목
1. 사업수입금액(≒매출액)	1. 판매한 재고자산의 원가(≒매출원가)
2. 재고자산 이외 자산의 양도가액	2. 양도한 자산의 장부가액
3. 자기 주식 양도가액	3. 처분한 자기주식의 장부가액
4. 임대료(받는 월세)	4. 임차료(내는 월세)
5. 자산수증이익, 채무면제이익	5. 이월결손금 보전에 충당한 자산수증이익, 채무면제이익(익금불산입항목) (국고보조금 제외)
6. 당초 손금산입된 세금과 공과금의 환급금(환입액)	6. 당초 손금불산입된 세금과 공과금의 환급금(환입액) *국세환급가산금과 지방세환급가산금 > 익금불산입항목
7. 자산의 평가차익 중 법이 정하는 것	7. 자산의 평가차손 중 법이 정하는 것
8. 특수 관계인인 개인으로부터의 유가증권 저가매입액	8. 영업자가 조직한 단체로서 주무관청에 등록된 단체에 지급하는 일반회비
9. 의제 배당액	9. 기업업무추진비, 감가상각비, 대손충당금, 퇴직급여충당금 등은 법정 한도 이내의 금액

익금과 익금불산입 항목

1. 자산의 양도금액

ex) 토지 10억 → 처분 12억

회계 : 차) 현금 12억 대) 토지 10억
유형자산 처분이익 2억

세법 : 양도가액 12억(익금산입)
- 장부가액 10억(손금산입)

소득금액 2억

→ 별도의 세무조정은 필요없음

2. 자기주식 양도금액

<익금산입> 자기주식 처분이익 xxx (기타)

<손금산입> 자기주식 처분손실 xxx(기타)

3. 자산수증이익 & 채무면제이익

(무상으로 자산 받음) (채무의 면제 or 소멸로 부채 감소)

<원칙> 익금산입

<예외> 이월결손금 보전에 충당한 경우 익금불산입(국고보조금 제외)

발생연도에 제한받지 않음

◇ 참고

소득세법상 사업소득 계산 시
사업과 관련된 자산수증이익 · 채무면제이익 : 총 수입금액 포함
(사업무관 : 증여세 과세)

4.

당초		환급		국세환급가산금 등
손금불산입 (ex. 법인세)	→	익금불산입	→	익금불산입
손금산입 (ex. 재산세)	→	익금산입	→	익금불산입

<회계>

매출액
⊖ 매출원가
매출총이익
⊖ 판매비와 관리비
영업이익
⊕ 영업 외 수익
⊖ 영업 외 비용
법인세 차감전 순이익
⊖ 법인세 비용
당기 순이익

수익 / 비용

<세법>

당기순이익
⊕ 익금산입 · 손금불산입
⊖ 손금산입 · 익금불산입
각 사업연도 소득금액
⋮
법인세 비용
(세법상 올바른 금액)

5. 불공정 자본거래에 의해 특수관계인으로부터 분여받은 이익 → 부당행위 계산부인 적용

6. 특수관계인 개인으로부터의 유가증권 저가매입액

(15억에 매입) 자산의 고가매입
(2억에 양도) 자산의 저가양도 ⇒

거래 상대방	적용 규정	기준이 되는 금액	매입시 자산의 취득 원가
특수관계인	부당행위 계산부인 규정	시가	시가
특수관계인 이외의 자	기부금 규정 중 '의제기부금' 규정	정상가액의 범위(시가 ±30%)	정상가액 범위 이내의 금액

<시가 10억>

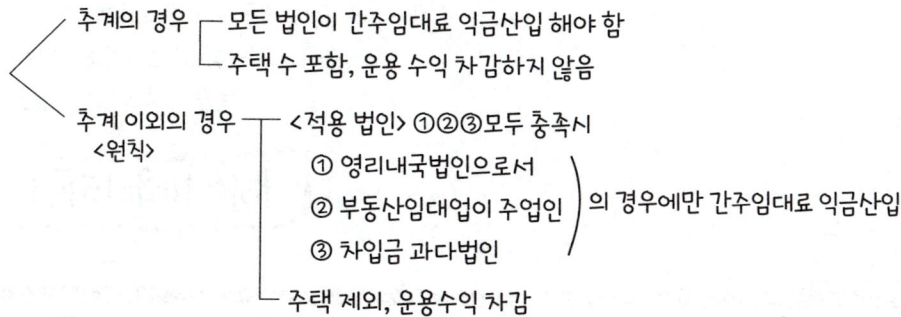

(2억에 매입) 자산의 저가매입
(15억에 양도) 자산의 고가양도 ⇒

<원칙> 세무조정 없음(취득원가 : 거래한 저가 매입액)

<예외> ①②③④ 모두 충족시

①특수관계인인
②개인으로부터
③유가증권
④저가매입시

⇒ 시가와 매입가액의 차이 : 익금항목
(∴ 세무상 취득원가 : 시가)

㉠ 저가 매입시 / ㉡ 처분시

세무조정
- ㉠ <익금산입> 유가증권 8억 (유보)
- ㉡ <손금산입> 유가증권 8억 (△유보)

(단, 일부만 처분시에는 처분비율만큼 세무조정)

7. 간주임대료(=간주익금=보증금 등에 대한 이자상당액)

- 추계의 경우
  - 모든 법인이 간주임대료 익금산입 해야 함
  - 주택 수 포함, 운용 수익 차감하지 않음
- 추계 이외의 경우 <원칙>
  - <적용 법인> ①②③모두 충족시
    - ① 영리내국법인으로서
    - ② 부동산임대업이 주업인
    - ③ 차입금 과다법인

    의 경우에만 간주임대료 익금산입
  - 주택 제외, 운용수익 차감

*익금불산입 항목

1. 주식발행초과금
   (단, 채무의 출자전환 시 발행가액이 시가를 초과하는 금액은 제외)
2. 주식의 포괄적 교환·이전 차익
3. 감자차익·합병차익·분할차익
4. 이월익금(이미 과세된 소득, 이중과세 방지)
5. 부가가치세 매출세액
6. 수입배당금 중 법정요건을 충족하는 금액

자산의 평가 이익

<원칙> 익금불산입 항목

<예외> 익금으로 인정하는 평가이익

1. 「보험업법」등 법률에 의한 유형자산 등 평가이익
2. 외화환산이익, 화폐성 외화자산·부채의 평가이익 : 신고조정항목

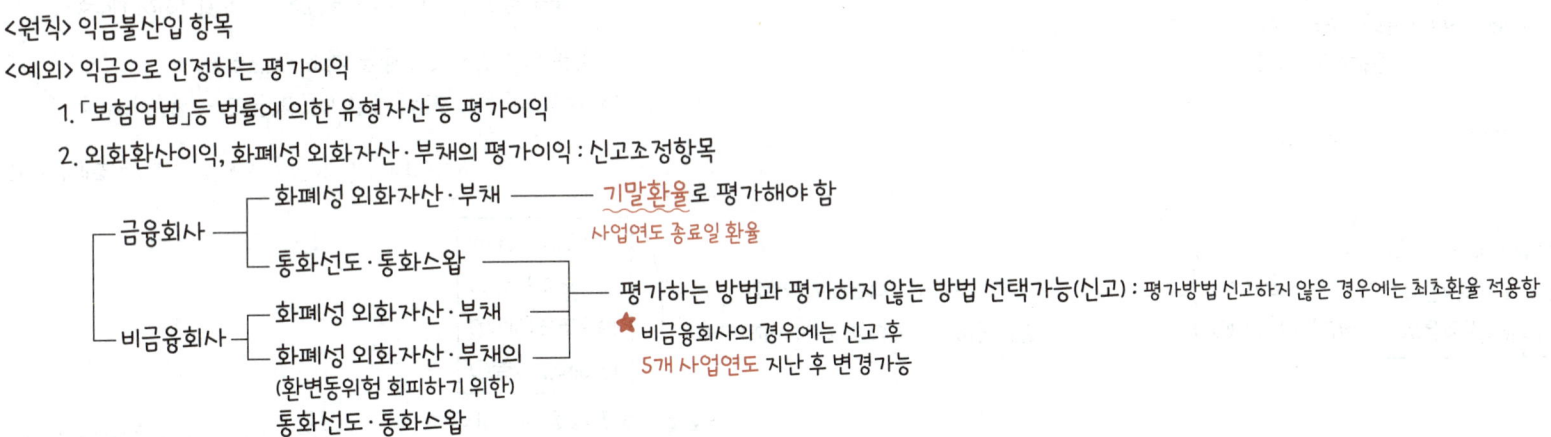

- 금융회사
  - 화폐성 외화자산·부채 — 기말환율로 평가해야 함 (사업연도 종료일 환율)
  - 통화선도·통화스왑 — 평가하는 방법과 평가하지 않는 방법 선택가능(신고) : 평가방법 신고하지 않은 경우에는 최초환율 적용함
- 비금융회사
  - 화폐성 외화자산·부채
  - 화폐성 외화자산·부채의 (환변동위험 회피하기 위한) 통화선도·통화스왑
  - — 평가하는 방법과 평가하지 않는 방법 선택가능(신고) : 평가방법 신고하지 않은 경우에는 최초환율 적용함
  - ★ 비금융회사의 경우에는 신고 후 5개 사업연도 지난 후 변경가능

자산의 평가 손실

<원칙> 손금불산입 항목

<예외> 손금으로 인정하는 평가손실(1,3,4 : 결산조정항목 / 2 : 신고조정항목)

1. 유형자산 : 천재지변·화재·수용·폐광으로 인한 유형자산 평가손실 (결산조정항목)
2. 화폐성 외화 자산·부채의 평가손실 (신고조정 항목)
3. 재고자산 : 파손·부패 등의 사유로 정상가격으로 판매할 수 없는 경우 (결산조정항목)
4. 주식의 평가손실 (결산조정항목)

① 파산 : 주식발행법인이 파산한 경우 (비망가액 1,000원 남기고) 평가손실 인정

② 부도
- 주식발행법인이 상장회사인데 그 회사가 부도난 경우등
- 창업투자회사가 보유한 창업자 발행주식의 부도
- — 1,000원 비망가액 남겨야 함

부당행위 계산 부인 및 의제기부금

자산의 고가매입 (주주로부터 시가 10억원, 15억에 매입했다고 가정) → 거래상대방의 이익

ex) 감가상각 자산가액 증가 → 추후 비용처리 금액 증가 → 세금 감소

거래상대방	세무상 취득가액	세무조정
특수관계인 (부당행위 계산부인)	시가(10억)	<손금산입> 자산 5억(△유보) [사후관리 : 처분시 반대 조정 / 세무상 자산가액(= 감가상각 대상) 10억, ~~15억~~] <익금산입>부당행위계산부인 5억(배당) 소득의 귀속자에 따라 처분
특수관계인 이외의 자 (의제기부금)	정상가액(13억)	<손금산입> 자산 2억(△유보) 기부금 세무조정, 의제기부금으로 보아 세무조정

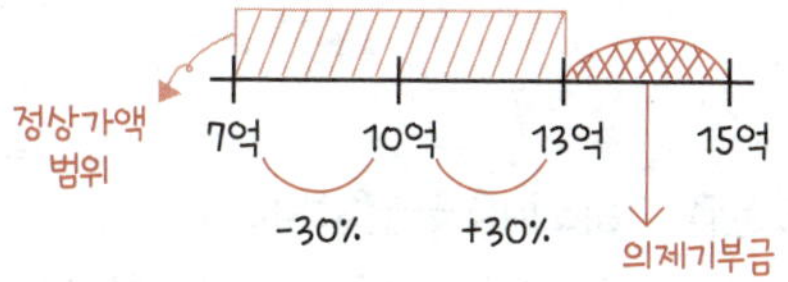

자산의 저가양도 (주주에게 시가 10억원, 2억원에 양도했다고 가정) → 거래상대방 이익

→ 10억에 팔고 그 자리에서 거래상대방에게 8억을 줬다고 봄

거래상대방	세무상 취득가액	세무조정
특수관계인 (부당행위 계산부인)	시가(10억)	<익금산입> 부당행위 계산부인 8억(배당) 소득의 귀속자에 따라 사외유출로 처분 (배당/상여/기타사외유출/ 기타)
특수관계인 이외의 자 (의제기부금)	정상가액(7억)	기부금 세무조정에 포함

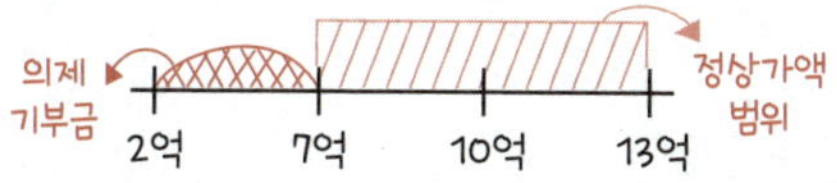

★ **부당행위 계산부인 요건**

1. 특수관계인과의 거래
2. 조세부담을 부당하게 감소
3. 시가와 거래가액의 차이가 3억 이상이거나 시가의 5% 상당하는 금액 이상 (자산의 양도 및 취득, 이자, 임대료 등에 한함)

손금과 손금불산입 항목

***손금의 입증책임 : 법인세법상 적법하게 손금으로 인정받기 위한 요건**

1) 원칙 : 업무관련 지출만 인정
2) 적격증명서류 수취의무 확인
   - ① 종류 : 부가가치세법상 적법한 세금계산서와 계산서, 신용카드 전표, 현금영수증
   - ② 적격증명서류 수취 의무 금액
     - 기업업무추진비 : 건당(VAT 포함) 3만원 초과(단, 경조금은 20만원 초과)
     - 기업업무추진비 이외 : 건당 3만원 초과

◇ 참고
<적격증명서류의 종류>
세금계산서, 계산서, 신용카드 전표
현금영수증 등을 말함

참고
<접대비 명칭 개정>
2024년 이후 접대비는
기업업무추진비로 명칭이 변경됨

*적격증명서류 미수취시 불이익

기업업무추진비 이외	기업업무추진비
손금 인정 단, 가산세 (2%) 부과함	손금불산입 가산세 부과하지 않음

1. 유형자산의 수선비

① 수익적 지출 : 즉시 비용처리(자산의 원상회복 또는 능률 유지를 위한 지출)
② 자본적 지출 : 취득가액에 가산(자산처리) → 후에 감가상각으로 비용처리(자산의 내용연수 증가 또는 가치증가를 위한 지출)

2. 인건비

<원칙> 손금산입

<예외> 손금불산입 항목
- 잉여금 처분에 의한 상여
- 노무출자사원의 보수
- 비상근임원 & 부당행위 계산 부인
- 지배주주와 특수관계 있는 임직원에게 정당한 금액을 초과하여 지급한 금액
- 임원 상여금 한도 초과 : <한도> 회사 지급 규정 → 지급기준 없으면 전액 손금불산입
- 임원 퇴직금 한도 초과 : <한도> 회사 지급 규정 → 지급기준 없으면

$$(\text{퇴직 직전 1년간 총 급여액}) \times \frac{1}{10} \times (\text{근속연수})$$

(손금불산입 · 비과세 제외) / 1개월 미만은 없는 것으로 함

<사례>
4년 6개월 20일 근무한 경우
4년 6개월로 보아 계산함

* 2025년 개정
임직원 출산 및 양육지원금이 법정요건 충족하는 경우
손금에 산입하며
법인의 임직원에 대한 재화.용역 등의 할인금액도
손비에 포함됨

◇ 참고
*중소 · 중견기업이 100% 직접 · 간접 출자한 해외현지법인에 파견된
임원 또는 직원의 인건비로서, 해당 내국법인이 지급한 인건비가 총 인건비 50% 미만시 손금 인정

3. 영업자 단체 ─ 일반회비 : 손금(한도 없음)
　　　　　　　└ 특별회비 ─┐
(영업자가 조직한 단체로서 법인이거나 주무관청에 등록한 단체)　　├ 업무무관지출(손금불산입)
영업자 단체 이외의 단체 ─ 일반회비 ─┤
　　　　　　　　　　　　└ 특별회비 ─┘

4. 판매장려금 : 사전 약정 유무에 관계없이 손금(거래상대방이 특수관계인이든 아니든 관계없이 손금)

5. 세금과 공과금 <원칙> 손금항목

<예외> 손금 불산입 항목

조세
① 법인세 등(법인세+법인지방소득세+농어촌특별세)
② 업무무관자산 관련 세금
③ 가산세 · 강제징수비 등
④ 부가가치세 매입세액

공과금
⑤ 벌금 · 과태료 · 과료(사계약상의 연체이자 · 지체상금은 손금)
⑥ 의무적으로 내는 것 이외의 공과금

*부가가치세 매입세액

부가가치세법		법인세법
㉠ 매입세액 공제	…	손금불산입
㉡ 매입세액 불공제	…	<원칙> 손금 <예외> 손금불산입(의무불이행) ① 등록불성실 ② 세금계산서 관련 불성실로 인한 불공제

6. 대손금 : 실제로 못 받게 된 돈(채권) ex) ─ 소멸시효 완성채권 : 신고조정항목
　　　　　　　　　　　　　　　　　└ 사망, 부도(중소기업 외상 매출금) 등 : 결산조정항목

*대손충당금 : 못 받을 것 같은 돈(채권)을 미리 비용처리한 것 → 결산조정항목

★ 대손금으로 처리할 수 없는 채권

1. 채무보증으로 인한 구상채권은 대손처리 할 수 없음(법정 요건 충족한 구상채권은 제외)
2. 부가가치세법상 대손세액공제를 받은 채권의 부가가치세 해당액
3. 특수관계인에 대한 업무무관 가지급금(특수관계인 여부는 대여시점 기준으로 판단)
   (특수관계인: 주주 등)

7. 기업업무추진비

<기업업무추진비 세무조정 순서> 시부인 계산

- 업무관련O
  - 불특정다수 — 광고선전비 : 손금
  - 특정 — 기업업무추진비(발생주의)
- 업무관련x — 기부금(현금주의)

1단계 : 기업업무추진비 해당액 찾아내기(복리후생비, 회의비 등과 구별)

2단계 : 증빙불비 기업업무추진비 → <손금불산입> 상여 (대표자상여)
(증빙이 아예 없음)

3단계 : 건당 3만원 초과 영수증 수취분 기업업무추진비 (=적격 증명서류 미수취) <손금불산입>기타사외유출
(경조금은 20만원초과)
↳ 임직원 명의의 개인신용카드는 영수증 수취분으로 봄 → 손금불산입
(단, 기업업무추진비 이외의 경비는 개인 명의의 신용카드 사용 시 적격증명서류로 봄)

*현물기업업무추진비와 해외사용 기업업무추진비 중 요건 충족분은 적격 증명서류 수취에 대한 조정은 하지 않고 한도초과액에 대한 세무조정에만 반영

4단계 : 접대비 한도 시부인
① 회사계상 기업업무추진비 ② 세법상 기업업무추진비 한도 비교
① ≤ ② : 기업업무추진비 한도 미달액은 세무조정 없음
① > ② : 기업업무추진비 한도 초과액 <손금불산 입> 기타사외유출

★ 현물기업업무추진비 = Max [시가, 장부가액]
현물기부금 = Max [시가, 장부가액
단, 특례기부금과 특수관계인이 아닌 자에 대한 일반기부금 : 장부가액으로 평가

*기업업무추진비한도 = 기본한도 + 수입금액 기준 한도(① + ②)
연간 1,200만원
(중소기업은 3,600만원)
↳ 사업연도 월수가 12개월 미만인 경우 $\left(\frac{월수}{12}\right)$를 곱함

→ ①(일반수입금액 × 적용률) + ②(특정수입금액 × 적용률 × 10%)
특수관계인과의 거래

적용률:
- 100억 이하: $\frac{3}{1,000}$
- 100억 초과 500억 이하: $\frac{2}{1,000}$
- 500억 초과: $\frac{3}{10,000}$

★ 부동산 임대업 주업인회사의 한도 : 원칙적인 한도×50%
① 과점주주(50% 초과) ② 상시근로자 수 5인 미만
③ 주된 사업이 부동산 임대업 또는 (임대소득 + 이자소득 + 배당소득)이 매출액의 50% 이상

참고
<문화기업업무추진비 한도>
법인세법상 기업업무추진비 한도의 20% 추가

8. 기부금 : 업무와 무관하게 타인에게 무상으로 지출, 현금주의

① 특례 기부금(50% 한도 기부금) : <한도> (기준소득금액-이월결손금) × 50%

② 일반기부금(10% or 20% 한도 기부금) : <한도> (기준소득금액 - 이월결손금 - 특례기부금 공제액) × 10% (사회적 기업 : 20%)

→ (①, ②) 소득금액 조정합계표에 반영하지 않음

③ 비지정기부금 : 전액 손금불산입 ··· 귀속자에 따라 사외유출로 처분 → 소득금액 조정합계표에 반영함

*특례기부금과 일반기부금 한도초과액은 무조건 기타사외유출로 소득 처분 함

*비지정기부금은 소득의 귀속자에 따라 소득처분함

*기부금의 범위 = 본래의 기부금 (회사 손익계산서에 적힌 금액) + 의제 기부금

의제 기부금:
① 거래상대방 : 특수관계인이 아닌 자
② 자산의 (고가매입 / 저가양도) 시 정상가액 범위 초과금액

㉠ 기부금 계상액
㉡ 세법상 한도액

㉠ < ㉡ : 세무조정없음
㉠ > ㉡ : 손금불산입 조정

★ 기부금 이월공제 기간 : 10년
(해당 연도의 기부금과 이월된 기부금 중 이월된 기부금을 먼저 공제함)

★ 특례기부금(50% 한도 기부금)의 종류

1. 국가 또는 지방자치단체에 무상으로 기증하는 금품
2. 국방헌금과 국군장병 위문금품
3. 천재지변으로 생긴 이재민을 위한 구호금품의 가액
4. 특정기관(병원 제외)에 시설비·교육비·장학금 또는 연구비로 지출하는 기부금 ex) 사립학교법에 의한 사립학교, 기능대학, 평생교육시설 등
5. 특정 병원에 시설비·교육비·연구비로 지출하는 기부금 ex) 국립대학병원, 서울대학교 병원, 국립 암센터 등
6. 사회복지사업, 그 밖의 사회 복지 활동의 지원에 필요한 재원을 모집·배분하는 것을 주된 목적으로 하는 비영리 법인에 지출

* 참고(2025년 개정세법) : 전자기부금영수증 발급의무 신설(직전과세기간에 발급한 기부금영수증 합계액이 3억원 이상인 자)

9. 지급이자 손금불산입

회사 손익계산서에 이미 '이자비용'으로 비용처리 된 것을 손금불산입함

<지급이자의 세무조정 순서 & 소득처분>

세무조정 순서	소득처분
<1> 채권자 불분명 사채이자	→ <손금불산입> 대표자 상여 (단, 원천징수세액 상당액은 기타사외유출)
<2> 비실명 채권·증권이자 (=지급받은 자가 불분명한 채권·증권이자)	→ <손금불산입> 대표자 상여 (단, 원천징수세액 상당액은 기타사외유출)
<3> 건설자금이자	→ 비상각자산 : <손금불산입>(유보) → 처분 시 (△유보) → 상각자산 ─ 건설중인 자산 : <손금불산입>(유보) → 완성 시 상각부인액으로 보아 시인부족액의 범위 내에서 손금산입 → 상각자산 ─ 건설완료 자산 : 즉시 상각 의제 → 감가상각 시부인 계산에 반영
<4> 업무무관 자산 등 관련 지급 이자 → <손금불산입> 기타사외유출 (업무무관 부동산 및 업무무관 가지급금 등 포함)	

<채권자 불분명 사채이자의 범위>

다음 차입금의 이자(알선수수료, 사례금 등 포함)

㉠ 채권자의 주소 or 성명을 확인할 수 없는 차입금

㉡ 채권자의 능력 및 재산상태로 보아 금전을 대여한 것으로 인정할 수 없는 차입금

㉢ 채권자와의 금전거래사실 및 거래내용이 불분명한 차입금
단, 거래일 현재 주민등록표에 의해 거주사실이 확인된 채권자가 차입금을 변제받은 후 소재불분명이 된 경우 제외

◇ 참고

*소득세법상 세무조정 순서

1. 채권자 불분명 사채이자
2. 건설자금 이자
3. 초과 인출금 관련 지급이자
4. 업무무관 자산 등 관련 지급 이자

손익의 귀속시기

「법인세법」상 손익의 귀속시기 : 권리·의무 확정주의 (「소득세법」상 사업소득도 동일)

1. 자산의 판매

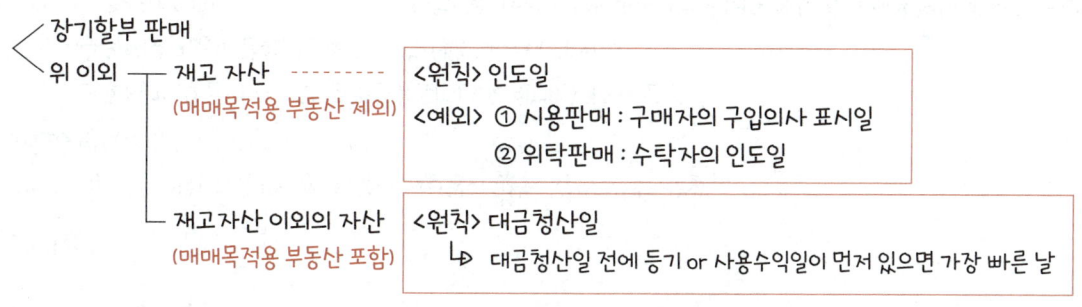

- 장기할부 판매
- 위 이외
  - 재고 자산 (매매목적용 부동산 제외)
    - <원칙> 인도일
    - <예외> ① 시용판매 : 구매자의 구입의사 표시일
    - ② 위탁판매 : 수탁자의 인도일
  - 재고자산 이외의 자산 (매매목적용 부동산 포함)
    - <원칙> 대금청산일
    - ↳ 대금청산일 전에 등기 or 사용수익일이 먼저 있으면 가장 빠른 날

· 유가증권 매매 : 매매 계약 체결일
· 매출할인 : 약정에 의한 지급기일

2. 장기할부판매

<개념> 대금을 2회 이상 분할 + 인도일의 다음날부터 최종 부불금 지급기일까지의 기간이 1년 이상

<원칙> 명목가치 인도기준(=인도일)

<예외> 1. 회사가 ① or ②의 방법으로 회계처리를 한 경우 (=결산서 반영)
- ① 현재가치 인도기준으로 회계처리하면 인정
- ② 회수기일 도래기준으로 회계처리하면 인정

2. 회사가 중소기업인 경우 : (회계처리를 어떻게 했든 상관없이) 회수기일 도래기준으로 처리할 수 있다. (=세무조정 할 수 있다)

3. 건설공사

<원칙> 장·단기 불문하고 진행기준 적용

<예외> 인도기준
- 인도기준 적용가능
  - 중소기업의 단기건설공사(1년 미만)
  - 기업회계 기준에 따라 인도기준 적용
  - → 그 목적물의 인도일이 속하는 사업연도의 익금과 손금에 산입할 수 있음
- 인도기준 적용 강제
  - 국제회계 기준 적용 법인의 예약 매출
  - 작업진행률 계산할 수 없는 경우
  - → 그 목적물의 인도일이 속하는 사업연도의 익금과 손금에 각각 산입함

4. 이자수익(=수입이자)

<원칙> 「소득세법」상 이자소득 수입시기(현금주의 or 약정)

<예외> 발생주의 적용시 이를 인정함(미수이자)

→ 단, 원천징수 대상 이자의 경우 발생주의 인정하지 않음

5. 이자비용(=지급이자)

<원칙> 「소득세법」상 이자소득 수입시기

<예외> 발생주의 적용시 이를 인정함(미지급 이자)

6. 임대료

<원칙> '약정'에 의한 지급기일 or 계약상 지급일이 없는 경우 '실제지급일'

<예외> 발생주의

㉠ 회사가 결산서에 기간 경과분을 임대료로 회계처리 → 인정

㉡ 임대료 지급기간이 1년 초과 → 발생주의 처리 강제

★ 임대기간 X (이미 경과한 기간에 대응하는 임대료 상당액과 비용을 당해 사업연도의 익금과 손금으로 계상해야 한다.)

재고자산 평가방법

1. **평가방법** : 원가법과 저가법 중 법인이 신고한 방법 → 승인 필요하지 않음
   - 원가법 : 개별법, 선입선출법, 후입선출법, 총 평균법, 이동평균법, 매출가격 환원법
   - 저가법(저가법으로 신고 시에만 인정)
2. **무신고시 평가방법** : 선입선출법(매매목적용 부동산은 개별법)
3. **평가방법 임의변경 시** : Max[무신고 시 평가방법, 기존 신고 방법]
4. **평가방법 변경신고** : 적용받고자 하는 사업연도 종료일 이전 3개월까지 (ex) 12월 말 법인 : 9/30까지 신고)

유가증권 평가방법

1. **평가방법(유가증권 : 주식 + 채권)**
   - 주식 : 총 평균법, 이동평균법
   - 채권 : 총 평균법, 이동평균법, 개별법
2. **무신고시 평가방법** : 총 평균법
3. **평가방법 임의변경 시** : 재고자산의 임의변경 시와 동일 = Max[무신고 시 평가방법, 기존 신고 방법]
4. **평가방법 변경신고** : 적용받고자 하는 사업연도 종료일 이전 3개월까지

★ 투자회사 등이 보유한 자산 → 시가법

1. 환매금지형 집합투자기구의 시장성 없는 자산
2. 보험업 특별계정에 속하는 자산

⇒ 원가법과 시가법 중 신고한 방법 (단, 한 번 적용 시 계속 적용)

감가상각비

***감가상각비** <원칙> 결산조정항목

<예외1> 신고조정할 수 있는 경우
(손금산입 세무조정 가능)
: 국제회계 기준을 적용하는 회사의
① 유형자산 ② 내용연수 비한정 무형자산

<예외2> 신고조정 해야하는 경우
(손금산입 세무조정 해야 함)
① 업무용 승용차(5년, 정액법)
② 감가상각의제 적용시

***감가상각 세무조정(시부인 계산)** (결산조정 항목인 경우)

1 회사계상 상각비=결산서상 감가상각비 + 즉시상각의제
└→ 자본적 지출을 수익적 지출로 처리한 경우 회사계상 상각비로 봄

2 세법상 한도액(=상각범위액)

3 한도 시부인
㉠ 1>2 : 상각부인액(=한도초과액) ⇒ <손금불산입> (유보)
㉡ 1<2 : 시인부족액(=한도미달액) ⇒ <원칙> 세무조정 없음
<예외> 전기 이전에(과거에) 한도초과액(상각부인액, 유보)이 있으면 사후관리
└→ 당기 시인부족액의 범위 내에서 전기 이전 유보를 손금 추인해야 함
<손금산입> (△유보)

• 결산조정 원칙 하에서 세무조정 사례

ex) ㉠ 1 회사 계상액 : 1,200
2 세법상 한도액 : 1,000 ⇒ 상각부인액(한도초과액) 200 <손금불산입> 200(유보)

㉡ 1 회사 계상액 : 700
2 세법상 한도액 : 1,000 ⇒ 시인 부족액 △300
- case1. 전기 이전 유보 0원 : 세무조정 ×
- case2. 전기 이전 유보 200원 : <손금산입> 전기 이전 상각부인액 200(△유보)
- case3. 전기 이전 유보 1,000원 : <손금산입> 전기 이전 상각부인액 300(△유보)
  남은 유보 700은 다음 사업연도로 이월

◇ 참고

<감가상각의 의제>

각 사업연도의 소득에 대하여 법인세를 면제받거나 감면받은 경우에는 개별 자산에 대한 감가상각비가 상각범위액이 되도록 감가상각비를 손금에 산입하여야 한다. 다만, 한국채택국제회계기준을 적용하는 법인은 상각범위액과 회사계상액과의 차이 금액 내에서 추가로 손금에 산입할 수 있다.

* 상각방법 : 다음의 방법 중 선택 가능 (* ☐ : 무신고시 상각방법)

<유형자산>

<원칙> 정액법, 정률법 중 선택

<예외> ① 건물 : 무조건 정액법

② 광업용 자산 : 정액법, 정률법, 생산량비례법

<무형자산>

<원칙> 정액법

<예외> ① 광업권 등 : 정액법, 생산량비례법

② 개발비 ┬ 신고 : 20년 이내에 월할 상각
└ 무신고 : 5년 매기 균등액 상각

③ 주파수 이용권 및 사용수익기부 자산가액 : 사용기간, 균등액

* 내용연수

1. 기준내용연수 : 무형자산·시험연구용자산·건축물 등·업종별 자산의 4가지 종류의 법정내용연수

2. 신고내용연수 : 기준 내용 연수 ±25% 범위에서 신고한 경우 인정(무형자산 및 시험연구용자산은 기준내용연수만 적용)
(단, 신고기한 내에 신고하지 않을 경우 기준내용연수 적용)

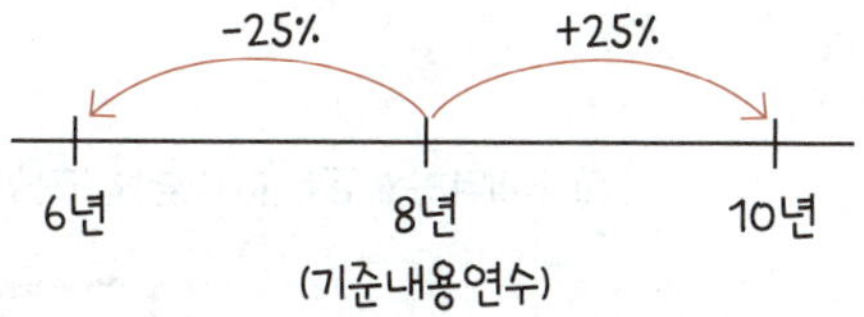

⇒ 범위내의 내용연수 선택·신고 가능
(무신고 시에는 기준 내용연수 적용)

◇ 참고

*중고자산(기준내용연수의 50% 이상 경과)
: 기준내용연수 × 50% ~ 기준내용연수의 범위 내에서
신고한 내용연수 적용 가능(1년 미만은 없는 것으로 봄)

즉시 상각의제

*자본적 지출 : 자산의 취득가액으로 처리해야 함

↓

<즉시 상각의제>

만약 회사가 자본적 지출을 비용처리한 경우 회사 계상 상각비에 포함하여 한도초과액 계산

↓

<예외> 감가상각 시부인 계산에 반영하지 않고 손금으로 인정해 주는 것

1 소액수선비 특례

① 수선비로 지출한 금액이 600만원 미만

② 수선비로 지출한 금액이 직전 사업연도 종료일 현재 재무상태표상 장부가액 (= 취득가액 - 감가상각누계액)의 5% 미만

③ 3년 미만의 기간마다 주기적으로 수선

2 취득가액이 거래단위별로 100만원 이하인 감가상각 자산 → 사업에 사용한 날이 속하는 사업연도의 손금

<제외> ① 대량 보유　② 사업의 개시·확장을 위해 취득

3 사업에 사용한 날이 속하는 사업연도에 계상한 것에 한함

① 어업용 어구

② 영화필름, 공구, 기구, 비품 등

③ 대여사업용 비디오테이프 등 개별자산의 취득가액이 30만원 미만

④ 전화기(휴대전화 포함) 및 개인 컴퓨터(주변기기 포함)

4 ① 시설의 개체 또는 기술낙후로 생산설비의 일부를 폐기한 경우, 1천원을 공제한 금액 → 폐기일이 속하는 사업연도에 손금산입 가능

↓ <소득세법>은 처분일

② 사업의 폐지 또는 사업장의 이전으로 임대차계약에 따라 임차한 사업장의 원상회복을 위하여 시설물을 철거하는 경우 → 손금 인정

충당금

<원칙> 세법상 충당금을 손금으로 인정하지 않음

<예외> 세법에서 인정하는 충당금

결산조정항목	신고조정항목
• 퇴직급여 충당금 • 대손충당금	• 퇴직 부담금(실제로 납부한 퇴직연금)

• 일시상각충당금
• 압축기장충당금
⇒ <원칙> 결산조정항목
<예외> 회계기준에 따라 장부에 계상할 수 없는 경우 신고조정 허용

---

* 대손금과 대손충당금의 세무조정 순서

1. 대손금 조정

1) 신고조정 항목

ex) • 소멸시효가 완성된 외상매출금, 어음, 수표 등
• 법률에 따른 회생계획인가의 결정 또는 법원의 면책결정에 따라 회수불능으로 확정된 채권 등

2) 결산조정 항목

ex) • 채무자의 파산, 강제집행, 사망, 실종 등으로 인하여 회수할 수 없는 채권
• 부도 발생일로부터 6개월 이상 지난 수표, 어음상의 채권, 외상매출금
(중소기업의 외상매출금으로서 부도발생일 이전의 것으로 한정하고, 채무자 재산에 대하여 저당권 설정하고 있는 경우 제외)

2. 대손충당금 조정

1) 결산조정 항목

: 세법상 한도내의 금액을 결산서에 계상한 경우 손금 인정

① 회사 계상 대손상각비 > 세법상 대손충당금 한도액 ⇒ <손금불산입> (유보)

② 회사 계상 대손상각비 < 세법상 대손충당금 한도액 ⇒ 세무조정 ×

↓ 회사 계상 대손상각비: "회계상 기말 충당금 잔액"

↓ 세법상 대손충당금 한도액: 한도 : 세법상 채권 × 설정률

설정률: Max[1%, 실제 대손실적률]

↓ 세법상 채권에서 제외:

*대손충당금을 설정할 수 없는 채권

- 채무보증으로 인한 구상채권
- 특수관계인에 대한 업무무관 가지급금
- 배서양도 어음
- 매각거래로 처분한 채권

대손금

<신고조정항목> 해당 사유가 발생한 연도의 손금으로 함

㉠「상법」에 따른 소멸시효가 완성된 외상매출금 및 미수금

㉡「어음법」에 따른 소멸시효가 완성된 어음

㉢「수표법」에 따른 소멸시효가 완성된 수표

㉣「민법」에 따른 소멸시효가 완성된 대여금 및 선급금

㉤「채무자 회생 및 파산에 관한 법률」에 따른 회생계획인가의 결정 또는 법원의 면책결정에 따라 회수불능으로 확정된 채권

㉥「서민의 금융생활 지원에 관한 법률」에 따른 채무조정을 받아 신용회복지원협약에 따라 면책으로 확정된 채권

㉦「민사집행법」에 따라 채무자의 재산에 대한 경매가 취소된 압류채권

<결산조정항목> 해당 사유가 발생하여 손비로 계상한 연도의 손금으로 함

① 물품의 수출 또는 외국에서의 용역제공으로 발생한 채권으로서 한국무역보험공사로부터 회수불능으로 확인된 채권

② 채무자의 파산, 강제집행, 형의 집행, 사업의 폐지, 사망, 실종 또는 행방불명으로 회수할 수 없는 채권

③ 부도발생일부터 6개월 이상 지난 수표 또는 어음상의 채권 및 외상매출금(중소기업의 외상매출금으로서 부도발생일 이전의 것에 한정). 다만, 해당 법인이 채무자의 재산에 대하여 저당권을 설정하고 있는 경우는 제외

④ 중소기업의 외상매출금 및 미수금으로서 회수기일이 2년 이상 지난 외상매출금 등. 다만, 특수관계인과의 거래로 인하여 발생한 외상매출금등은 제외

⑤ 재판상 화해 등 확정판결과 같은 효력을 가지는 것으로서 기획재정부령으로 정하는 것에 따라 회수불능으로 확정된 채권

⑥ 회수기일이 6개월 이상 지난 채권 중 채권가액이 30만원 이하(채무자별 채권가액의 합계액을 기준으로 한다)인 채권

⑦ 금융회사 등의 채권 중 금융감독원장으로부터 대손승인을 받은 것 또는 금융감독원장의 요구에 따라 대손금으로 계상한 것

⑧ 중소기업창업투자회사의 창업자에 대한 채권으로서 중소벤처기업부장관이 기획재정부장관과 협의하여 정한 기준에 해당한다고 인정한 것

* 퇴직금 등 관련 세무조정 순서(퇴직금 → 퇴직급여충당금 → 퇴직연금충당금)

1. 퇴직금 조정

- 현실적인 퇴직인 경우에만 퇴직금을 손비로 인정
  (현실적 퇴직 아님에도 불구하고 퇴직금 지급 시 업무무관 가지급금으로 봄)
- 임원퇴직금 한도 초과액 → 손금불산입
  ① 회사지급규정
  ② 회사지급규정 없는 경우
  (퇴직 직전 1년간 총 급여) × $\frac{1}{10}$ ×(근속연수)
  1개월 미만은 없는 것으로 함

→

2. 퇴직급여충당금 조정

- 설정 대상
  : 당해 사업연도 말
  현재 퇴직금 지급 규정에 의한
  퇴직급여의 지급 대상이 되는
  임원 또는 사용인
  (단, 확정기여형 퇴직연금에
  가입한 임직원은 설정대상이 아님)

→

3. 퇴직연금부담금 조정

- 임원이나 사용인의 퇴직급여를
  지급하기 위해 납부하는
  퇴직연금부담금은 손금산입

* 일시상각충당금 or 압축기장충당금

- 국고보조금, 공사부담금, 보험차익 : 법인세법상 익금(단, 과세이연을 위해 일시상각충당금과 압축기장충당금의 손금산입 허용)

1. 정부보조금(수령 후 1년 이내 사용) ex) 기계 1억 → 세금 내면 돈 부족 → 이연
2. 공사부담금(1년) ex) 도시가스관
3. 보험차익(2년) ex) 불에 탄 건물
⋮

→
- 감가상각자산이면 일시상각충당금 설정 가능
- 비상각자산이면 압축기장충당금 설정 가능

<원칙> 익금 → 법인세 증가 ⇒ 과세이연 선택

<손금산입> 일시상각충당금 xxx(△유보) ⇒ 상각 or 처분 시 : <익금산입> xxx(유보)
(or 압축기장충당금)

ex) 국고보조금 100, 감가상각자산 취득

	2021.1.1	2021.12.31	2022	2023	2024	2025
<원칙>	<익금> 100	-	-	-	-	-
<허용>	<손금산입> 100(△유보)	<익금산입> 20(유보)	<익금산입> +20(유보)	<익금산입> +20(유보)	<익금산입> +20(유보)	<익금산입> +20(유보)

(2021.12.31 ~ 2025: 과세이연)

분납

1. **분납** : 납부할 세액이 '1천만원을 초과'하는 경우 납부할 세액의 일부를 납부기한이 경과한 날부터 1개월(중소기업은 2개월) 이내에 분납할 수 있다.
   (소득세·법인세·상증세 : 직접세 → 분납 O, But 부가가치세 : 간접세 → 분납X)

2. 분납 금액

1) 납부할 세액이 2천만원 이하 : 1천만원을 초과하는 금액을 한도로 분납 가능
2) 납부할 세액이 2천만원 초과 : 그 세액의 50% 이하의 금액을 한도로 분납 가능

ex) 12월 말 법인의 경우

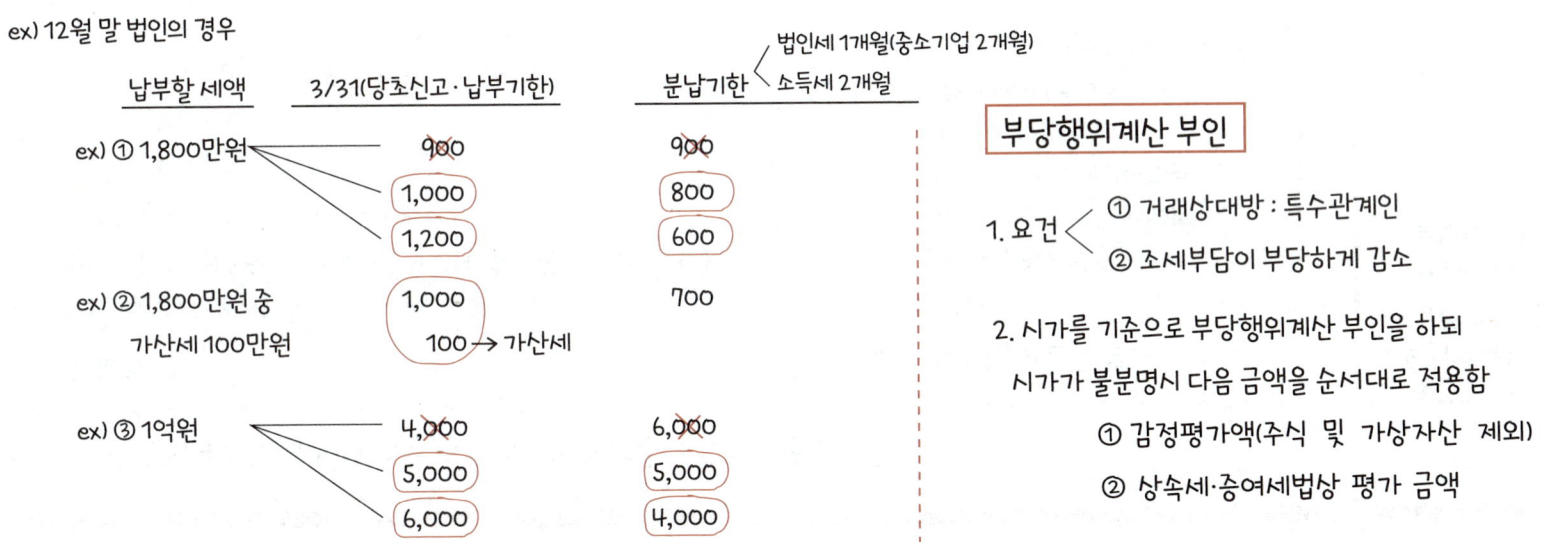

분납기한: 법인세 1개월(중소기업 2개월) / 소득세 2개월

납부할 세액	3/31(당초신고·납부기한)	분납기한
ex) ① 1,800만원	~~900~~	~~900~~
	1,000	800
	1,200	600
ex) ② 1,800만원 중 가산세 100만원	1,000 100 → 가산세	700
ex) ③ 1억원	~~4,000~~	~~6,000~~
	5,000	5,000
	6,000	4,000

부당행위계산 부인

1. 요건
   ① 거래상대방 : 특수관계인
   ② 조세부담이 부당하게 감소

2. 시가를 기준으로 부당행위계산 부인을 하되 시가가 불분명시 다음 금액을 순서대로 적용함
   ① 감정평가액(주식 및 가상자산 제외)
   ② 상속세·증여세법상 평가 금액

중간예납

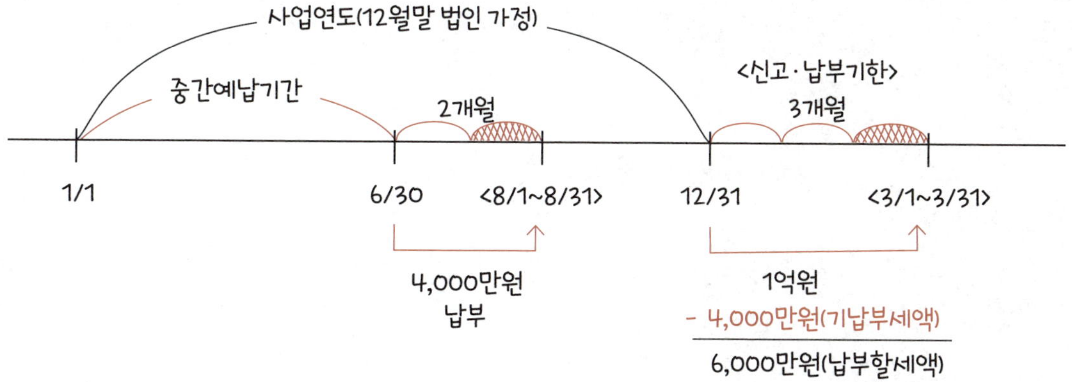

1. 중간예납 대상법인

<원칙> 각 사업연도 기간이 6개월을 초과하는 법인은 중간예납 의무 있음

<예외> 중간예납 제외 대상

① 청산법인
② 세무서장이 사업수입금액이 없는 것을 확인한 휴업법인
③ 신설법인의 최초 사업연도(합병·분할에 의한 신설법인 제외)
④ 사업연도가 6개월 이하의 법인
⑤ 사립학교를 경영하는 학교법인과 산학협력단, 국립대학법인 등
⑥ 직전사업연도 중소기업인 내국법인의 중간예납세액이 50만원 미만인 경우

2. 중간예납세액의 계산 방법

①가결산에 의한 방법
②직전 사업연도의 납부 실적에 의한 방법
→ ① or ② 선택가능

단, 반드시 ①의 가결산 방법을 적용해야 하는 경우!
㉠ 직전 사업연도 법인세액이 당해 사업연도의 중간예납기간 만료일까지 확정되지 않은 경우
㉡ 직전 사업연도의 법인세로서 확정된 산출세액이 없는 경우
㉢ 분할 신설법인 또는 분할합병의 상대방 법인의 분할 후 최초 사업연도의 경우

국세징수법

남정선 세무사의 세법 필기노트

05 국세징수법

국세징수법 총칙

1. 국세징수법의 의의와 목적

국세징수법은 국세의 징수에 필요한 사항을 규정함으로써 국민의 납세의무의 적정한 이행을 통하여 국세수입을 확보하는 것을 목적으로 함

2. 용어의 정의

① "납부기한"이란 납세의무가 확정된 국세(가산세 포함)를 납부하여야 할 기한으로서 다음의 구분에 따른 기한을 말함

법정납부기한	국세의 종목과 세율을 정하고 있는 법률, 「국세기본법」, 「조세특례제한법」 및 「국제조세조정에 관한 법률」에서 정한 기한
지정납부기한 = 납부고지서상 기한	관할 세무서장이 납부고지를 하면서 지정한 기한 ※ 단, 다음의 기한은 지정납부기한으로 봄 ㉠ 관할 세무서장이 「소득세법」에 따라 중간예납세액을 징수하여야 하는 기한 ㉡ 관할 세무서장이 「부가가치세법」상 예정고지된 부가가치세액을 징수하여야 하는 기한 ㉢ 관할 세무서장이 「종합부동산세법」에 따라 종합부동산세액을 납부고지서로 징수하여야 하는 기한

② "체납"이란 국세를 지정납부기한까지 납부하지 아니하는 것을 말한다. 다만, 지정납부기한 후에 납세의무가 성립 · 확정되는 「국세기본법」상 납부지연가산세 및 원천징수 등 납부지연가산세의 경우 납세의무가 확정된 후 즉시 납부하지 아니하는 것을 말한다.

③ "체납자"란 국세를 체납한 자를 말한다.

④ "체납액"이란 체납된 국세와 강제징수비를 말한다.

3. 국세 등의 징수 순위

체납액의 징수 순위는 다음의 순서에 따른다.

① 강제징수비 ② 국세(가산세는 제외) ③ 가산세

국세 징수 절차

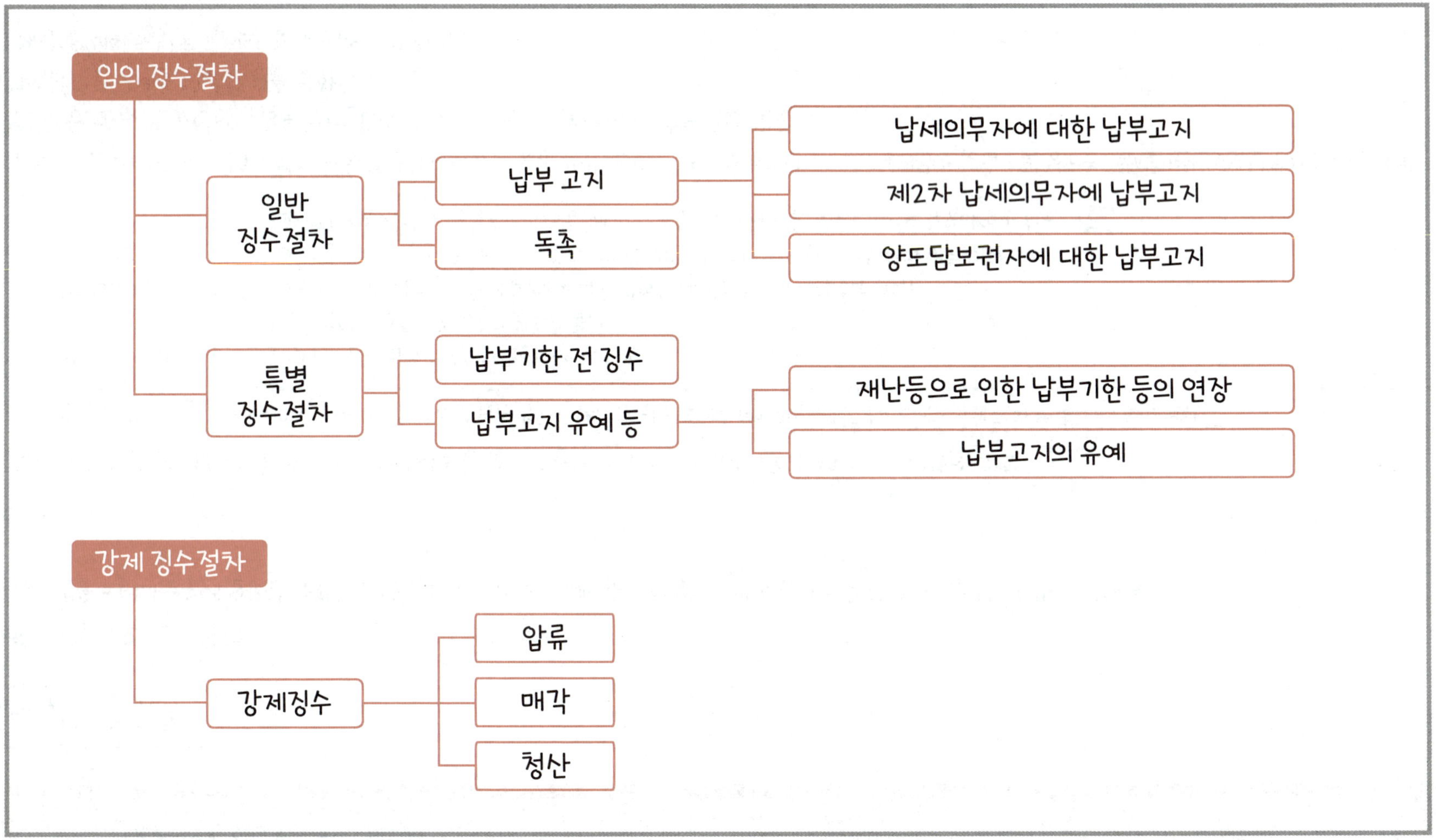
임의 징수절차
일반 징수절차
납부 고지
독촉
납세의무자에 대한 납부고지
제2차 납세의무자에 납부고지
양도담보권자에 대한 납부고지
특별 징수절차
납부기한 전 징수
납부고지 유예 등
재난등으로 인한 납부기한 등의 연장
납부고지의 유예
강제 징수절차
강제징수
압류
매각
청산

신고납부 및 납부고지

1. 신고납부

납세자는 세법에서 정하는 바에 따라 국세를 관할 세무서장에게 신고납부하는 경우 그 국세의 과세기간, 세목(稅目), 세액 및 납세자의 인적사항을 납부서에 적어 납부하여야 한다.

2. 납부고지

(1) 납부고지서의 발급

관할 세무서장은 납세자로부터 국세를 징수하려는 경우 국세의 과세기간, 세목, 세액, 산출 근거, 납부하여야 할 기한(납부고지를 하는 날부터 30일 이내의 범위로 정함) 및 납부 장소를 적은 납부고지서를 납세자에게 발급하여야 한다. 다만, 「국세기본법」 상 납부지연가산세 및 원천징수 등 납부지연가산세 중 지정납부기한이 지난 후의 가산세를 징수하는 경우에는 납부고지서를 발급하지 아니할 수 있다.

(2) 제2차 납세의무자, 보증인, 물적납세의무자에 대해서도 납부고지서를 발급한다.

3. 독촉

관할 세무서장은 납세자가 국세를 지정납부기한까지 완납하지 아니한 경우 지정납부기한이 지난 후 10일 이내에 체납된 국세에 대한 독촉장을 발급하여야 한다.

*독촉장을 발급하지 않을 수 있는 사유

㉠ 국세를 납부기한 전에 징수하는 경우
㉡ 체납된 국세가 1만원 미만인 경우
㉢ 「국세기본법」 및 세법에 따라 물적납세의무를 부담하는 경우

납부기한 전 징수

① 확정된 국세에 대하여 납부기한 전 징수 가능함

<납부기한 전 징수 사유>

㉠ 국세, 지방세 또는 공과금의 체납으로 체납처분 또는 강제징수가 시작된 경우

㉡ 「민사집행법」에 따른 강제집행 및 담보권 실행 등을 위한 경매가 시작되거나 「채무자 회생 및 파산에 관한 법률」에 따른 파산선고를 받은 경우

㉢ 「어음법」 및 「수표법」에 따른 어음교환소에서 거래정지처분을 받은 경우

㉣ 법인이 해산한 경우

㉤ 국세를 포탈(逋脫)하려는 행위가 있다고 인정되는 경우

㉥ 납세관리인을 정하지 아니하고 국내에 주소 또는 거소를 두지 아니하게 된 경우

② 납부기한 전 징수 방법 : 당초의 납부기한보다 단축된 기한을 정하여 납세자에게 납부고지를 하여야 함

③ 납부기한 전 징수의 고지를 받고 고지서상의 기한까지 납부하지 않으면 독촉없이 압류함

납부기한 연장 및 납부고지의 유예

1. 재난 등으로 인한 납부기한등의 연장 사유(=납부고지의 유예 사유)

① 납세자가 재난 또는 도난으로 재산에 심한 손실을 입은 경우
★② 납세자가 경영하는 사업에 현저한 손실이 발생하거나 부도 또는 도산의 우려가 있는 경우
③ 납세자 또는 그 동거가족이 질병이나 중상해로 6개월 이상의 치료가 필요한 경우 또는 사망하여 상중인 경우
④ 권한 있는 기관에 장부나 서류 또는 그 밖의 물건이 압수 또는 영치된 경우
⑤ 정전, 프로그램의 오류, 그 밖의 부득이한 사유로 한국은행 및 체신관서의 정보처리장치나 시스템을 정상적으로 가동시킬 수 없는 경우
⑥ 금융회사등 · 체신관서의 휴무, 그 밖에 부득이한 사유로 정상적인 국세 납부가 곤란하다고 국세청장이 인정하는 경우
⑦ 「세무사법」에 따라 납세자의 장부 작성을 대행하는 세무사(세무법인 포함) 또는 세무대리업무등록부에 등록한 공인회계사(회계법인 포함)가 화재, 전화(戰禍), 그 밖의 재해를 입거나 해당 납세자의 장부를 도난당한 경우

2. 납부기한 등 연장 신청 : 기한만료 3일 전까지 신청

① 관할 세무서장이 납세자가 기한 만료일 3일 전까지 신청서를 제출할 수 없다고 인정하는 경우에는 기한 만료일까지 제출할 수 있음

② 납세자가 납부기한등의 만료일 10일 전까지 납부기한등 연장 신청을 하였으나 관할 세무서장이 그 신청일부터 10일 이내에 승인 여부를 통지하지 아니한 경우에는 신청일부터 10일이 되는 날에 납부기한등 연장 신청을 승인한 것으로 봄

3. 납부기한 등 연장 등의 기간과 분납 한도

① 납부기한 등 연장 기간 : [원칙] 9개월

② 납부기한 등 연장의 특례 : [특례] 고용재난지역 등에 사업장이 소재하는 기업은 소득세, 법인세, 부가가치세에 한하여 최대 2년까지 기한연장 가능

<2년의 납부기한 연장 특례 적용 가능한 기한연장 사유>

㉠ 납세자가 재난 또는 도난으로 재산에 심한 손실을 입은 경우

㉡ 납세자가 경영하는 사업에 현저한 손실이 발생하거나 부도 또는 도산의 우려가 있는 경우

㉢ 납세자 또는 그 동거가족이 질병이나 중상해로 6개월 이상의 치료가 필요한 경우 또는 사망하여 상중(喪中)인 경우

<2년의 납부기한 연장 특례 적용 조건> 1 or 2 or 3

1. ⓐ 법인세, 소득세, 부가가치세에 한하여 2년 특례 적용 가능 ⓑ 고용재난지역, 특별재난지역 등에 사업장이 소재하는 경우
2. 특별재난지역 선포의 사유가 된 재난으로 인해 신체에 피해를 입은 「소득세법」에 따른 사업자 (2025년 개정)
3. 특별재난지역 선포의 사유가 된 재난으로 인해 사망한 「소득세법」에 따른 사업자가 경영하던 사업장을 상속받은 상속인 (2025년 개정)

- 재난등으로 인한 납부기한등 연장 및 납부고지유예의 경우에는 납부지연가산세 등을 부과하지 않음

4. 납부기한등의 연장 또는 납부고지의 유예를 하는 경우 관할 세무서장은 납세담보의 제공을 요구 가능

<예외 >담보제공 요구할 수 없는 경우

① 납세자가 사업에서 심각한 손해를 입거나 그 사업이 중대한 위기에 처한 경우로서 관할 세무서장이 납부해야 할 금액, 납부기한등의 연장기간, 납부고지의 유예 기간 및 납세자의 과거 국세 납부명세 등을 고려하여 납세자가 그 연장 또는 유예 기간 내에 해당 국세를 납부할 수 있다고 인정하는 경우

② 납세자가 재난 또는 도난으로 재산에 심한 손실을 입은 경우

③ 정전, 프로그램의 오류, 그 밖의 부득이한 사유로 한국은행 또는 체신관서의 정보처리장치나 시스템을 정상적으로 가동시킬 수 없는 경우

④ 금융회사등 · 체신관서의 휴무, 그 밖에 부득이한 사유로 정상적인 국세 납부가 곤란하다고 국세청장이 인정하는 경우

5. 납부기한등 연장 등의 취소

① 관할 세무서장은 납부기한등의 연장 또는 납부고지의 유예를 한 후 해당 납세자가 다음 중 어느 하나의 사유에 해당하게 된 경우 그 납부기한등의 연장 또는 납부고지의 유예를 취소하고 연장 또는 유예와 관계되는 국세를 한꺼번에 징수할 수 있다.

납부기한 등 연장 취소 사유	지정납부기한 등 연장 취소 후 다시 연장 가능 여부
㉠ 국세를 분할납부하여야 하는 각 기한까지 분할납부하여야 할 금액을 납부하지 아니한 경우	×
㉡ 관할 세무서장의 납세담보물의 추가 제공 또는 보증인의 변경 요구에 따르지 아니한 경우	×
㉢ 재산 상황의 변동, 납부고지의 유예 사유 소멸, 납부기한등의 연장 또는 납부고지의 유예를 한 당시의 사정이 변경된 경우로서 납부기한등의 연장 또는 납부고지의 유예를 할 필요가 없다고 인정되는 경우	○
㉣ 납부기한 전 징수 사유 중 하나에 해당하는 사유가 있어 그 연장 또는 유예한 기한까지 연장 또는 유예와 관계되는 국세의 전액을 징수할 수 없다고 인정되는 경우	×

② 관할 세무서장은 납부기한등의 연장 또는 납부고지의 유예를 취소한 경우 납세자에게 그 사실을 통지하여야 한다.

6. 송달 지연으로 인한 지정납부기한등의 연장

1) 일반적인 경우

납부고지서 또는 독촉장의 송달이 지연되어 다음 중 어느 하나에 해당하는 경우에는 도달한 날부터 14일이 지난 날을 지정납부기한등으로 한다.

① 도달한 날에 이미 지정납부기한등이 지난 경우
② 도달한 날부터 14일 이내에 지정납부기한등이 도래하는 경우

2) 납부기한 전 징수를 위한 고지를 하는 경우

납부기한 전 징수를 위해 납부고지를 하는 경우에는 다음에 따른 날을 납부하여야 할 기한으로 한다.

① 단축된 기한 전에 도달한 경우	단축된 기한
② 단축된 기한이 지난 후에 도달한 경우	도달한 날

납세담보

1. 납세담보의 종류 : 법에 정해진 것만 담보 가능 ex. 자동차, 보석은 담보 제공 안됨

① 금전
② 국채증권 등 대통령령으로 정하는 유가증권
③ 납세보증보험증권
④ 은행 등 대통령령으로 정하는 자의 납세보증서
⑤ 토지
⑥ 보험에 든 등기·등록된 건물, 공장재단, 광업재단, 선박, 항공기 또는 건설기계

2. 납세담보의 제공 방법

① 금전이나 유가증권	㉠ 공탁(供託)하고 그 공탁수령증을 관할 세무서장에게 제출 ㉡ 다만, 등록된 유가증권의 경우에는 담보 제공의 뜻을 등록하고 그 등록확인증을 제출
② 납세보증보험증권이나 납세보증서	보험증권이나 보증서를 세무서장에게 제출 (* 제공하는 납세보증보험증권은 그 보험증권의 보험기간이 납세담보를 필요로 하는 기간에 30일 이상을 더한 것. 다만, 납부기간이 확정되지 아니한 국세의 경우 국세청장이 정하는 기간)
③ 토지, 건물, 공장재단, 광업재단, 선박, 항공기 또는 건설기계	등기필증 또는 등록필증을 세무서장에게 제시하고 세무서장은 이에 의하여 저당권 설정을 위한 등기 또는 등록절차를 밟아야 함

3. 담보로 제공하여야 할 금액 ··· ex. 10억원의 납부기한 연장 시 납세보증보험증권은 11억원 이상, 토지는 12억원 이상의 담보 제공해야 함

납세담보를 제공할 때에는 담보할 국세의 100분의 120(금전, 납세보증보험증권, 은행의 납세보증서의 경우에는 100분의 110)이상의 가액에 상당하는 담보를 제공하여야 한다. 다만, 그 국세가 확정되지 아니한 경우에는 국세청장이 정하는 가액으로 하여야 한다.

4. 담보의 변경과 보충

1) 담보를 제공한 자가 변경시 : 승인 필요

납세담보를 제공한 자는 관할 세무서장의 승인을 받아 그 담보를 변경할 수 있다. → 임의 변경 불가

이 경우 세무서장은 다음 중 어느 하나에 해당하면 이를 승인하여야 한다.

① 보증인의 납세보증서를 갈음하여 다른 담보재산을 제공한 경우 ② 제공한 납세담보의 가액이 변동되어 과다하게 된 경우 ③ 납세담보로 제공한 유가증권 중 상환기간이 정해진 것이 그 상환시기에 이른 경우

2) 관할 세무서장의 변경 요구

관할 세무서장은 납세담보물의 가액 감소, 보증인의 자력 감소 또는

다음에 해당하는 사유로 그 납세담보로는 국세 및 강제징수비의 납부를 담보할 수 없다고 인정할 때에는 담보를 제공한 자에게 담보물의 추가 제공 또는 보증인의 변경을 요구할 수 있다.

① 담보로 제공된 후 그 담보물에 대하여 소유권의 귀속에 관한 소가 제기된 경우 등으로 담보로서의 효력에 영향이 있다고 인정된 때 ② 담보물에 설정된 보험계약이 효력을 잃은 때 ③ 담보로 제공된 후에 압류조세채권이 증가함으로써 그 담보물로서는 국세·강제징수비의 납부를 담보할 수 없다고 인정된 때

5. 담보에 의한 납부와 징수

1) 원칙

납세담보를 제공받은 국세 및 강제징수비가 그 담보기간에 납부되지 않는 경우 납세담보가 금전이면 그 금전으로 해당 국세 및 강제징수비를 징수하고, 납세담보가 금전 외의 것이면 다음의 구분에 따른 방법으로 현금화하거나 징수한 금전으로 해당 국세 및 강제징수비를 징수한다.

유가증권, 토지, 건물, 공장재단, 광업재단, 선박, 항공기 또는 건설기계	공매절차에 따라 매각
납세보증보험증권	해당 납세보증보험사업자에게 보험금의 지급을 청구
납세보증서	보증인으로부터 징수절차에 따라 징수

납세담보를 현금화한 금전으로 징수해야 할 국세 및 강제징수비를 징수하고 남은 금전이 있는 경우 공매대금의 배분방법에 따라 배분한 후 납세자에게 지급한다.

2) 납세담보로 금전 제공시 금전으로 납부 가능

① 납세담보로서 금전을 제공한 자는 그 금전으로 담보한 국세 및 강제징수비를 납부할 수 있다.

② 납세담보로 제공한 금전으로 국세 및 강제징수비를 납부하려는 자는 그 뜻을 적은 문서로 관할 세무서장에게 납부를 신청해야 한다. 이 경우 신청한 금액에 상당하는 국세 및 강제징수비를 납부한 것으로 본다.

6. 납세담보의 해제

관할 세무서장은 납세담보를 제공받은 국세 및 강제징수비가 납부되면 지체 없이 담보 해제 절차를 밟아야 한다.

강제징수

1. 강제징수 : 압류·매각·청산

2. 사해행위의 취소 및 원상회복

관할 세무서장은 강제징수를 할 때 납세자가 국세의 징수를 피하기 위하여 한 재산의 처분이나 그 밖에 재산권을 목적으로 한 법률행위의 취소 및 원상회복을 법원에 청구할 수 있다.

3. 가압류·가처분 재산에 대한 강제징수

① 관할 세무서장은 재판상의 가압류 또는 가처분 재산이 강제징수 대상인 경우에도 국세징수법에 따른 강제징수를 한다.

② 관할 세무서장은 재판상의 가압류 또는 가처분을 받은 재산을 압류(또는 압류해제)하려는 경우 그 뜻을 해당 법원, 집행공무원 또는 강제관리인에게 통지해야 한다.

4. 상속 또는 합병의 경우 등 강제징수의 속행 등

① 체납자의 재산에 대하여 강제징수를 시작한 후 체납자가 사망하였거나 체납자인 법인이 합병으로 소멸된 경우에도 그 재산에 대한 강제징수는 계속 진행하여야 한다.

② 체납자가 사망한 후 체납자 명의의 재산에 대하여 한 압류는 그 재산을 상속한 상속인에 대하여 한 것으로 본다.

③ 관할 세무서장은 체납자가 파산선고를 받은 경우라도 이미 압류한 재산이 있을 때에는 강제징수를 계속 진행해야 한다.

5. 제3자의 소유권 주장

① 압류한 재산에 대하여 소유권을 주장하고 반환을 청구하려는 제3자는 그 재산의 매각 5일 전까지 소유자로 확인할 만한 증거서류를 관할 세무서장에게 제출하여야 한다.

② 관할 세무서장은 제3자가 소유권을 주장하고 반환을 청구하는 경우 그 재산에 대한 강제징수를 정지하여야 한다.

③ 관할 세무서장은 제3자의 소유권 주장 및 반환 청구가 정당하다고 인정되는 경우 즉시 압류를 해제하여야 하고, 부당하다고 인정되면 즉시 그 뜻을 제3자에게 통지하여야 한다.

④ 소유권 주장이 부당하다는 통지를 받은 제3자가 통지를 받은 날부터 15일 이내에 그 재산에 대하여 체납자를 상대로 소유권에 관한 소송을 제기한 사실을 증명하지 아니하면 관할 세무서장은 즉시 강제징수를 계속하여야 한다.

⑤ 관할 세무서장은 소유권 주장이 부당하다는 통지를 받은 제3자가 체납자를 상대로 소유권에 관한 소송을 제기하여 승소 판결을 받고 그 사실을 증명한 경우 압류를 즉시 해제하여야 한다.

6. 고액·상습체납자의 수입물품에 대한 강제징수의 위탁

① 관할 세무서장은 체납 발생일부터 1년이 지난 국세의 합계액이 2억원 이상인 경우 체납자의 수입물품에 대한 강제징수를 세관장에게 위탁할 수 있으며, 이 경우 관할 세무서장은 1개월 이내의 기간을 정하여 그 기간에 체납된 국세를 납부하지 않을 경우 체납자의 수입물품에 대한 강제징수가 세관장에게 위탁될 수 있다는 사실을 알려야 한다.

② 관할 세무서장은 세관장에게 고액·상습체납자의 수입물품에 대한 강제징수를 위탁한 경우 즉시 그 위탁 사실을 체납자에게 통지해야 한다.

③ 관할 세무서장은 체납자가 고액·상습체납자의 명단 공개 대상에서 제외되는 경우 즉시 해당 체납자의 수입물품에 대한 강제징수의 위탁을 철회해야 한다.

압류

1. 압류의 요건

<압류의 요건>

① 납세자가 독촉장을 받고 지정된 기한까지 국세를 완납하지 아니한 경우

② 납부기한 전 징수의 경우에 납세자가 납부 고지를 받고 지정된 기한까지 완납하지 아니한 경우(납부기한 전 징수는 독촉을 하지 않고 압류함)

2. 확정전 보전압류

① 확정전 보전압류 요건	관할 세무서장은 납세자에게 납부기한 전 징수 사유가 있어 국세가 확정된 후 그 국세를 징수할 수 없다고 인정할 때에는 국세로 확정되리라고 추정되는 금액의 한도에서 납세자의 재산을 압류할 수 있다.
② 확정전 보전압류 절차	관할 세무서장은 확정전 보전압류를 하려는 경우 미리 지방국세청장의 승인을 받아야 하고, 압류 후에는 납세자에게 문서로 그 압류 사실을 통지하여야 한다.
③ 확정전 보전압류의 해제	관할 세무서장은 확정전 보전압류를 한 경우 다음 중 어느 하나에 해당하면 즉시 압류를 해제하여야 한다. ① 납세자가 납세담보를 제공하고 압류 해제를 요구한 경우 ② 확정전 보전압류를 한 날부터 3개월이 지날 때까지 압류에 따라 징수하려는 국세를 확정하지 아니한 경우
④ 신청에 의한 충당	관할 세무서장은 확정전 보전압류를 한 후 압류에 따라 징수하려는 국세를 확정한 경우로서 압류한 재산이 다음 중 어느 하나에 해당하고 납세자의 신청이 있으면 압류한 재산의 한도에서 확정된 국세를 징수한 것으로 볼 수 있다. ① 금전 ② 납부기한 내 추심 가능한 예금 또는 유가증권

3. 초과압류의 금지

관할 세무서장은 국세를 징수하기 위하여 필요한 재산 외의 재산을 압류할 수 없다.

다만, 불가분물(不可分物) 등 부득이한 경우에는 압류할 수 있다.

4. 압류재산 선택 시 제3자의 권리보호

관할 세무서장은 압류재산을 선택하는 경우 강제징수에 지장이 없는 범위에서 전세권·질권·저당권 등 체납자의 재산과 관련하여 제3자가 가진 권리를 침해하지 아니하도록 하여야 한다.

5. 수색

① 세무공무원은 재산을 압류하기 위하여 필요한 경우에는 체납자의 주거·창고·사무실·선박·항공기·자동차 또는 그 밖의 장소(=주거등)를 수색할 수 있고, 해당 주거등의 폐쇄된 문·금고 또는 기구를 열게 하거나 직접 열 수 있다.

② 세무공무원은 다음 중 어느 하나에 해당하는 경우 제3자의 주거등을 수색할 수 있고, 해당 주거등의 폐쇄된 문·금고 또는 기구를 열게 하거나 직접 열 수 있다.

> ㉠ 체납자 또는 제3자가 제3자의 주거등에 체납자의 재산을 감춘 혐의가 있다고 인정되는 경우
> ㉡ 체납자의 재산을 점유하는 제3자가 재산의 인도(引渡)를 거부하는 경우

③ 수색은 해가 뜰 때부터 해가 질 때까지만 할 수 있다. 다만, 해가 지기 전에 시작한 수색은 해가 진 후에도 계속할 수 있다. 단, 주로 야간에 영업을 하는 장소에 대해서는 해가 진 후에도 영업 중에는 수색을 시작할 수 있다.

④ 세무공무원은 수색을 하였으나 압류할 재산이 없는 경우 수색조서를 작성하고 수색조서에 참여자와 함께 서명날인하여야 한다. 다만, 참여자가 서명날인을 거부한 경우에는 그 사실을 수색조서에 적는 것으로 참여자의 서명날인을 갈음할 수 있다. 세무공무원은 수색조서를 작성한 경우 그 등본을 수색을 받은 체납자 또는 참여자에게 내주어야 한다.

압류금지 재산

1. 압류금지 재산

다음에 해당하는 재산은 압류할 수 없다.

① 체납자 또는 그와 생계를 같이 하는 가족(사실상 혼인관계에 있는 사람을 포함)의 생활에 없어서는 아니 될 의복, 침구, 가구, 주방기구, 그 밖의 생활필수품
② 체납자 또는 그 동거가족에게 필요한 3개월간의 식료품 또는 연료
③ 인감도장이나 그 밖에 직업에 필요한 도장
④ 제사 또는 예배에 필요한 물건, 비석 또는 묘지
⑤ 체납자 또는 그 동거가족의 장례에 필요한 물건
⑥ 족보·일기 등 체납자 또는 그 동거가족에게 필요한 장부 또는 서류
⑦ 직무 수행에 필요한 제복
⑧ 훈장이나 그 밖의 명예의 증표
⑨ 체납자 또는 그 동거가족의 학업에 필요한 서적과 기구
⑩ 발명 또는 저작에 관한 것으로서 공표되지 아니한 것
⑪ 주로 자기의 노동력으로 농업을 하는 사람에게 없어서는 아니 될 기구, 가축, 사료, 종자, 비료, 그 밖에 이에 준하는 물건
⑫ 주로 자기의 노동력으로 어업을 하는 사람에게 없어서는 아니 될 어망, 기구, 미끼, 새끼 물고기, 그 밖에 이에 준하는 물건
⑬ 전문직 종사자·기술자·노무자, 그 밖에 주로 자기의 육체적 또는 정신적 노동으로 직업 또는 사업에 종사하는 사람에게 없어서는 아니 될 기구, 비품, 그 밖에 이에 준하는 물건
⑭ 체납자 또는 그 동거가족의 일상생활에 필요한 안경·보청기·의치·의수족·지팡이·장애보조용 바퀴의자, 그 밖에 이에 준하는 신체보조기구 및 「자동차관리법」에 따른 경형자동차
⑮ 재해의 방지 또는 보안을 위하여 법령에 따라 설치하여야 하는 소방설비, 경보기구, 피난시설, 그 밖에 이에 준하는 물건
⑯ 법령에 따라 지급되는 사망급여금 또는 상이급여금(傷痍給與金)
⑰ 「주택임대차보호법」 제8조에 따라 우선변제를 받을 수 있는 금액
⑱ 체납자의 생계 유지에 필요한 소액금융재산으로서 대통령령으로 정하는 것

<압류할 수 없는 소액금융재산의 범위>

압류할 수 없는 소액금융재산은 다음 각각의 구분에 따른 보장성보험의 보험금, 해약환급금 및 만기환급금과 개인별 잔액이 250만원 미만인 예금(적금, 부금, 예탁금과 우편대체를 포함)을 말한다.

① 사망보험금 중 1천오백만원 이하의 보험금

② 상해·질병·사고 등을 원인으로 체납자가 지급받는 보장성보험의 보험금 중 다음에 해당하는 보험금

㉠ 진료비, 치료비, 수술비, 입원비, 약제비 등 치료 및 장애 회복을 위하여 실제 지출되는 비용을 보장하기 위한 보험금

㉡ 치료 및 장애 회복을 위한 보험금 중 ㉠에 해당하는 보험금을 제외한 보험금의 2분의 1에 해당하는 금액

③ 보장성보험의 해약환급금 중 250만원 이하의 금액

④ 보장성보험의 만기환급금 중 250만원 이하의 금액

2. 급여채권의 압류 제한

① 급료, 연금, 임금, 봉급, 상여금, 세비, 퇴직연금, 그 밖에 이와 비슷한 성질을 가진 급여채권에 대해서는 그 총액의 2분의 1에 해당하는 금액은 압류가 금지되는 금액으로 한다.

② 단, 다음의 경우 압류가 금지되는 금액은 각각 다음의 구분에 따른 금액으로 한다.

구분	압류금지 금액
㉠ 급여채권 총액의 2분의 1에 해당하는 금액이 250만원에 미달하는 경우	250만원
㉡ 급여채권 총액의 2분의 1에 해당하는 금액이 [(급여채권의 2분의 1 - 300만원) × $\frac{1}{2}$]을 초과하는 경우	300만원 + [(급여채권의 2분의 1 - 300만원) × $\frac{1}{2}$]

③ 퇴직금이나 그 밖에 이와 비슷한 성질을 가진 급여채권에 대해서는 그 총액의 2분의 1에 해당하는 금액은 압류하지 못한다.

④ ①~③의 급여총액은 「소득세법」상 근로소득의 금액의 합계액(비과세소득의 금액은 제외) 또는 퇴직소득의 금액의 합계액(비과세소득의 금액은 제외)에서 그 근로소득 또는 퇴직소득에 대한 소득세 및 소득세분 지방소득세를 뺀 금액으로 한다.

압류의 효력 및 절차

1. 압류의 효력

1) 처분의 제한

① 세무공무원이 재산을 압류한 경우 체납자는 압류한 재산에 관하여 양도, 제한물권의 설정, 채권의 영수, 그 밖의 처분을 할 수 없다.

② 세무공무원이 채권 또는 그 밖의 재산권을 압류한 경우 해당 채권의 채무자 및 그 밖의 재산권의 채무자 또는 이에 준하는 자(제3채무자)는 체납자에 대한 지급을 할 수 없다.

2) 과실에 대한 압류의 효력

① 압류의 효력은 압류재산으로부터 생기는 천연과실(天然果實) 또는 법정과실(法定果實)에도 미친다.

② 단, 체납자 또는 제3자가 압류재산의 사용 또는 수익을 하는 경우 그 재산의 매각으로 인하여 권리를 이전하기 전까지 이미 거두어들인 천연과실에 대해서는 압류의 효력이 미치지 아니한다.

◇ 참고

과실에 대한 압류 효력의 특례

천연과실 중 성숙한 것은 토지 또는 입목(立木)과 분리하여 동산으로 볼 수 있다.

2. 부동산 등의 압류

① 관할 세무서장은 다음 재산을 압류하려는 경우 압류조서를 첨부하여 압류등기를 관할 등기소에 촉탁하여야 한다.

② 부동산 등의 압류의 효력은 그 압류등기 또는 압류의 등록이 완료된 때에 발생한다.

3. 동산과 유가증권의 압류

동산 또는 유가증권의 압류는 세무공무원이 점유함으로써 하고, 압류의 효력은 세무공무원이 점유한 때에 발생한다.

4. 채권의 압류

① 관할 세무서장은 채권을 압류하려는 경우 그 뜻을 제3채무자에게 통지하여야 한다.

② 채권 압류의 효력은 채권 압류 통지서가 제3채무자에게 송달된 때에 발생한다.

③ 채권 압류의 범위

관할 세무서장은 채권을 압류하는 경우 체납액을 한도로 하여야 한다. 다만, 압류하려는 채권에 국세보다 우선하는 질권이 설정되어 있어 압류에 관계된 체납액의 징수가 확실하지 아니한 경우 등 필요하다고 인정되는 경우 채권 전액을 압류할 수 있다.

압류 해제

1. 압류를 해제 하여야 하는 경우

㉠ 압류와 관계되는 체납액의 전부가 납부 또는 충당된 경우(※ 충당이란 국세환급금, 그 밖에 관할 세무서장이 세법상 납세자에게 지급할 의무가 있는 금전을 체납액과 대등액에서 소멸시키는 것을 말함)
㉡ 국세 부과의 전부를 취소한 경우
㉢ 여러 재산을 한꺼번에 공매(公賣)하는 경우로서 일부 재산의 공매대금으로 체납액 전부를 징수한 경우
㉣ 총 재산의 추산가액이 강제징수비(압류에 관계되는 국세에 우선하는 「국세기본법」제35조제1항제3호에 따른 채권 금액이 있는 경우 이를 포함)를 징수하면 남을 여지가 없어 강제징수를 종료할 필요가 있는 경우. 다만, 교부청구 또는 참가압류가 있는 경우로서 교부청구 또는 참가압류와 관계된 체납액을 기준으로 할 경우 남을 여지가 있는 경우는 제외한다.
㉤ 압류금지 재산을 압류한 경우 및 제3자 재산을 압류한 경우(압류재산이 제3자 소유임이 입증된 경우 포함)

2. 압류를 해제할 수 있는 경우

㉠ 압류 후 재산가격이 변동하여 체납액 전액을 현저히 초과한 경우
㉡ 압류와 관계되는 체납액의 일부가 납부 또는 충당된 경우
㉢ 국세 부과의 일부를 취소한 경우
㉣ 체납자가 압류할 수 있는 다른 재산을 제공하여 그 재산을 압류한 경우

교부청구 및 참가압류

1. 교부청구 사유

① 국세, 지방세 또는 공과금의 체납으로 체납자에 대한 강제징수 또는 체납처분이 시작된 경우
② 체납자에 대하여 「민사집행법」에 따른 강제집행 및 담보권 실행 등을 위한 경매가 시작되거나 체납자가 「채무자 회생 및 파산에 관한 법률」에 따른 파산선고를 받은 경우
③ 체납자인 법인이 해산한 경우

2. 참가압류

1) 참가압류 절차

① 관할 세무서장은 압류하려는 재산이 이미 다른 기관에 압류되어 있는 경우 참가압류 통지서를 그 재산을 이미 압류한 기관(선행압류기관)에 송달함으로써 교부청구를 갈음하고 그 압류에 참가할 수 있다.

② 참가압류를 한 후에 선행압류기관이 그 재산에 대한 압류를 해제한 경우 그 참가압류는 다음의 구분에 따른 시기로 소급하여 압류의 효력을 갖는다.

㉠ 권리의 변동에 등기 또는 등록이 필요한 재산 : 참가압류의 등기 또는 등록이 완료된 때
㉡ 권리의 변동에 등기 또는 등록이 필요하지 아니한 재산 : 참가압류 통지서가 선행압류기관에 송달된 때

③ 참가압류를 한 관할 세무서장은 선행압류기관이 그 압류재산을 장기간이 지나도록 매각하지 아니한 경우 이에 대한 매각을 선행압류기관에 촉구할 수 있다.

④ 참가압류를 한 관할 세무서장은 매각의 촉구를 받은 선행압류기관이 촉구를 받은 날부터 3개월 이내에 다음 중 어느 하나에 해당하는 행위를 하지 아니한 경우 해당 압류재산을 매각할 수 있다.

㉠ 수의계약으로 매각하려는 사실의 체납자 등에 대한 통지
㉡ 공매공고
㉢ 공매 또는 수의계약을 대행하게 하는 의뢰서의 송부

압류재산의 매각

1. 매각의 착수시기 : 1년 이내

관할 세무서장은 압류 후 1년 이내에 매각을 위한 행위를 하여야 한다. 다만, 체납된 국세와 관련하여 심판청구등이 계속 중인 경우, 국세징수법 또는 다른 세법에 따라 압류재산의 매각을 유예한 경우, 압류재산의 감정평가가 곤란한 경우, 그 밖에 이에 준하는 사유로 법률상 · 사실상 매각이 불가능한 경우에는 그러하지 아니하다.

2. 매각 방법

① 압류재산은 공매 또는 수의계약으로 매각한다.

② 공매는 경매 및 경쟁입찰 방법(정보통신망을 이용한 것을 포함)으로 한다.

경쟁입찰	공매를 집행하는 공무원이 공매예정가격을 제시하고, 매수신청인에게 문서로 매수신청을 하게 하여 공매예정가격 이상의 신청가격 중 최고가격을 신청한 자(이하 "최고가 매수신청인"이라 한다)를 매수인으로 정하는 방법
경매	공매를 집행하는 공무원이 공매예정가격을 제시하고, 매수신청인에게 구두 등의 방법으로 신청가격을 순차로 올려 매수신청을 하게 하여 최고가 매수신청인을 매수인으로 정하는 방법

3. 공매

① 관할 세무서장은 압류한 부동산등, 동산, 유가증권, 그 밖의 재산권과 체납자를 대위하여 받은 물건(금전은 제외)을 대통령령으로 정하는 바에 따라 공매한다.

② 관할 세무서장은 압류한 재산이 「자본시장과 금융투자업에 관한 법률」에 따른 증권시장에 상장된 증권인 경우 해당 시장에서 직접 매각할 수 있다.

③ 확정전 보전압류 규정에 따라 확정 전에 압류한 재산은 그 압류와 관계되는 국세의 납세 의무가 확정되기 전에는 공매할 수 없다.

④ 심판청구등이 계속 중인 국세의 체납으로 압류한 재산은 그 신청 또는 청구에 대한 결정이나 소(訴)에 대한 판결이 확정되기 전에는 공매할 수 없다. 다만, 그 재산이 부패·변질 또는 감량되기 쉬운 재산으로서 속히 매각하지 아니하면 그 재산가액이 줄어들 우려가 있는 경우에는 그러하지 아니하다.

4. 수의계약

관할 세무서장은 압류재산이 다음에 해당하는 경우 수의계약으로 매각할 수 있다.

① 수의계약으로 매각하지 아니하면 매각대금이 강제징수비 금액 이하가 될 것으로 예상되는 경우
② 부패·변질 또는 감량되기 쉬운 재산으로서 속히 매각하지 아니하면 그 재산가액이 줄어들 우려가 있는 경우
③ 압류한 재산의 추산가격이 1천만원 미만인 경우
④ 법령으로 소지(所持) 또는 매매가 금지 및 제한된 재산인 경우
⑤ 제1회 공매 후 1년간 5회 이상 공매하여도 매각되지 아니한 경우
⑥ 공매가 공익(公益)을 위하여 적절하지 아니한 경우

5. 공매보증

공매보증금액은 공매예정가격의 100분의 10 이상으로 한다.

6. 공유자·배우자의 우선매수권

① 공유자는 공매재산이 공유물의 지분인 경우 매각결정기일 전까지 공매보증을 제공하고 공매재산을 우선매수하겠다는 신청을 할 수 있다.
② 체납자의 배우자는 공매재산이 부부공유의 동산 또는 유가증권인 경우 공유자의 우선매수권 규정을 준용하여 공매재산을 우선매수하겠다는 신청을 할 수 있다.
③ 관할 세무서장은 공유자나 배우자의 우선매수 신청이 있는 경우 그 공유자 또는 체납자의 배우자에게 매각결정을 하여야 한다.
④ 관할 세무서장은 여러 사람의 공유자가 우선매수신청을 한 경우 공유자 간의 특별한 협의가 없으면 공유지분의 비율에 따라 공매재산을 매수하게 한다.
⑤ 관할 세무서장은 공유자 및 배우자에게 매각결정 후 해당 매수인이 매수대금을 납부하지 아니한 경우 최고가 매수신청인에게 다시 매각결정을 할 수 있다.

7. 매수인의 제한

* 공매재산의 매수신청인이 매각결정기일(제84조제2항에 따라 매각결정기일이 연기된 경우 연기된 매각결정기일을 말한다) 전까지 공매재산의 매수인이 되기 위하여 다른 법령에 따라 갖추어야 하는 자격을 갖추지 못한 경우에는 공매재산을 매수하지 못한다.

다음에 해당하는 자는 자기 또는 제3자의 명의나 계산으로 압류재산을 매수하지 못한다.

㉠ 체납자
㉡ 세무공무원
㉢ 매각 부동산을 평가한 「감정평가 및 감정평가사에 관한 법률」에 따른 감정평가법인등(감정평가법인의 경우 그 감정평가법인 및 소속 감정평가사를 포함)

8. 공매참가의 제한

관할 세무서장은 다음 중 어느 하나에 해당한다고 인정되는 사실이 있는 자에 대해서는 그 사실이 있은 후 2년간 공매장소 출입을 제한하거나 입찰에 참가시키지 아니할 수 있다.

㉠ 입찰을 하려는 자의 공매참가, 최고가 매수신청인의 결정 또는 매수인의 매수대금 납부를 방해한 사실
㉡ 공매에서 부당하게 가격을 낮출 목적으로 담합한 사실
㉢ 거짓 명의로 매수신청을 한 사실

9. 차순위 매수신청

① 최고가 매수신청인이 결정된 후 해당 최고가 매수신청인 외의 매수신청인은 매각결정기일 전까지 공매보증을 제공하고 '납부를 촉구하여도 매수인이 매수대금을 지정된 기한까지 납부하지 아니하여 매각결정이 취소되는 경우' 최고가 매수신청가격에서 공매보증을 뺀 금액 이상의 가격으로 공매재산을 매수하겠다는 신청(=차순위 매수신청)을 할 수 있다.

② 관할 세무서장은 차순위 매수신청을 한 자가 둘 이상인 경우 최고액의 매수신청인을 차순위 매수신청인으로 정하고, 최고액의 매수신청인이 둘 이상인 경우에는 추첨으로 차순위 매수신청인을 정한다.

③ 관할 세무서장은 차순위 매수신청이 있는 경우 매수인이 매수대금을 납부하지 아니하여 매각결정을 취소한 날부터 3일(공휴일과 토요일은 제외) 이내에 차순위 매수신청인을 매수인으로 정하여 매각결정을 할 것인지 여부를 결정하여야 한다.

다만, 다음에 해당하는 경우에는 차순위 매수신청인에게 매각결정을 할 수 없다.

㉠ 공유자·배우자의 우선매수 신청이 있는 경우
㉡ 차순위 매수신청인이 매수인의 제한 또는 공매참가의 제한을 받는 자에 해당하는 경우
㉢ 매각결정 전에 공매 취소 · 정지 사유가 있는 경우

10. 매수대금 납부의 효과

① 매수인은 매수대금을 완납한 때에 공매재산을 취득한다.

② 관할 세무서장이 매수대금을 수령한 때에는 체납자로부터 매수대금만큼의 체납액을 징수한 것으로 본다.

압류·매각의 유예

1. 압류·매각의 유예 사유

㉠ 국세청장이 성실납세자로 인정하는 기준에 해당하는 경우 ㉡ 재산의 압류나 압류재산의 매각을 유예함으로써 체납자가 사업을 정상적으로 운영할 수 있게 되어 체납액의 징수가 가능하게 될 것이라고 관할 세무서장이 인정하는 경우

관할 세무서장은 압류 및 매각의 유예를 하는 경우 필요하다고 인정하면 이미 압류한 재산의 압류를 해제할 수 있다.

2. 압류·매각의 유예 기간 : 1년(특례 적용 시 2년) 이내

① 압류 또는 매각의 유예의 기간은 그 유예한 날의 다음 날부터 1년 이내로 한다.

② 고용재난지역 등에 사업장이 있는 기업이 소득세, 법인세, 부가가치세 및 이에 부가되는 세목에 대한 압류 또는 매각의 유예를 신청하는 경우 그 압류 또는 매각의 유예기간을 유예한 날의 다음 날부터 2년 이내로 정할 수 있다.

보칙

1. 납세증명서

1) 납세증명서의 발급 사유

㉠ 국가, 지방자치단체 또는 대통령령으로 정하는 정부 관리기관으로부터 대금을 지급받을 경우(계약체결 시점이 아닌 대금지급 시점임)
㉡「출입국관리법」에 따른 외국인등록 또는「재외동포의 출입국과 법적 지위에 관한 법률」에 따른 국내거소신고를 한 외국인이 체류기간 연장허가 등 체류 관련 허가를 법무부장관에게 신청하는 경우
㉢ 내국인이 해외이주 목적으로「해외이주법」에 따라 외교부장관에게 해외이주신고를 하는 경우

2) 원래의 계약자가 아닌 경우 납세증명서의 제출 대상자

㉠ 채권양도로 인한 경우: 양도인과 양수인의 납세증명서
㉡ 법원의 전부명령(轉付命令)에 따르는 경우: 압류채권자의 납세증명서
㉢ 건설공사의 하도급대금을 직접 지급받는 경우: 수급사업자의 납세증명서

3) 납세증명서 제출의 예외

㉠「국가를 당사자로 하는 계약에 관한 법률 시행령」 및「지방자치단체를 당사자로 하는 계약에 관한 법률 시행령」에 해당하는 수의계약에 따라 대금을 지급받는 경우
㉡ 국가 또는 지방자치단체가 대금을 지급받아 그 대금이 국고 또는 지방자치단체금고에 귀속되는 경우
㉢ 국세 강제징수에 따른 채권 압류로 관할 세무서장이 그 대금을 지급받는 경우
㉣「채무자 회생 및 파산에 관한 법률」에 따른 파산관재인이 납세증명서를 발급받지 못하여 관할 법원이 파산절차를 원활하게 진행하기 곤란하다고 인정하는 경우로서 관할 세무서장에게 납세증명서 제출의 예외를 요청하는 경우
㉤ 납세자가 계약대금 전액을 체납세액으로 납부하거나 계약대금 중 일부 금액으로 체납세액 전액을 납부하려는 경우

4) 납세증명서의 유효기간

납세증명서의 유효기간은 그 증명서를 발급한 날부터 30일간으로 한다.

다만, 발급일 현재 해당 신청인에게 납부고지된 국세가 있는 경우에는 해당 국세의 지정납부기한까지로 할 수 있다.

2. 미납국세 등의 열람

「주택임대차보호법」에 따른 주거용 건물 또는 「상가건물 임대차보호법」에 따른 상가건물을 임차하여 사용하려는 자는 해당 건물에 대한 임대차계약을 하기 전 또는 임대차계약을 체결하고 임대차 기간이 시작하는 날까지 건물 소유자의 동의를 받아 그 자가 납부하지 아니한 다음의 국세 또는 체납액의 열람을 임차할 건물 소재지의 관할 세무서장에게 신청할 수 있다. 이 경우 관할 세무서장은 열람 신청에 따라야 한다.(단, 임차보증금이 1천만원 초과인 경우에는 임대인의 동의 없이 열람 가능. 또한 관할 세무서장 외의 세무서장에게도 신청 가능)

㉠ 세법에 따른 과세표준 및 세액의 신고기한까지 신고한 국세 중 납부하지 아니한 국세
㉡ 납부고지서를 발급한 후 지정납부기한이 도래하지 아니한 국세
㉢ 체납액

3. 체납자료의 제공

관할 세무서장(지방국세청장을 포함)은 국세징수 또는 공익 목적을 위하여 필요한 경우로서 「신용정보의 이용 및 보호에 관한 법률」에 따른 신용정보집중기관, 그 밖에 대통령령으로 정하는 자가 다음의 어느 하나에 해당하는 체납자의 인적사항 및 체납액에 관한 체납자료를 요구한 경우 이를 제공할 수 있다.

㉠ 체납 발생일부터 1년이 지나고 체납액이 500만원 이상인 자
㉡ 1년에 3회 이상 체납하고 체납액이 500만원 이상인 자

◇ 참고

체납자료의 제공 및 사업에 관한 허가등의 제한은 관할세무서장 및 지방국세청장이 할 수 있다.

2) 체납자료의 제공을 할 수 없는 경우

다만, 체납된 국세와 관련하여 심판청구등이 계속 중이거나 다음에 해당하는 경우에는 체납자료를 제공할 수 없다.

㉠ 납세자가 재난 또는 도난으로 재산에 심한 손실을 입은 경우
㉡ 납세자가 경영하는 사업에 현저한 손실이 발생하거나 부도 또는 도산의 우려가 있는 경우
㉢ 압류 또는 매각이 유예된 경우
㉣「부가가치세법」에 따라 물적납세의무를 부담하는 수탁자가 그 물적납세의무와 관련한 부가가치세 또는 강제징수비를 체납한 경우
㉤「종합부동산세법」에 따라 물적납세의무를 부담하는 수탁자가 그 물적납세의무와 관련한 종합부동산세 또는 강제징수비를 체납한 경우

5. 사업에 관한 허가등의 제한

1) 사업에 관한 허가등의 제한 사유

① 사전적 제한

관할 세무서장은 납세자가 허가·인가·면허 및 등록 등(허가등)을 받은 사업과 관련된 소득세, 법인세 및 부가가치세를 체납한 경우 해당 사업의 주무관청에 그 납세자에 대하여 허가등의 갱신과 그 허가등의 근거 법률에 따른 신규 허가등을 하지 아니할 것을 요구할 수 있다.

② 사후적 제한

관할 세무서장은 허가등을 받아 사업을 경영하는 자가 해당 사업과 관련된 소득세, 법인세 및 부가가치세를 3회 이상 체납하고 그 체납된 금액의 합계액이 500만원 이상인 경우 해당 주무관청에 사업의 정지 또는 허가등의 취소를 요구할 수 있다.

◇ 참고

3회의 체납 횟수는 납부고지서 1통을 1회로 보아 계산한다.

2) 사업에 관한 허가등의 제한을 요구할 수 없는 사유

위 1)의 사유가 있다고 하더라도 재난, 질병 또는 사업의 현저한 손실 등 다음에 해당하는 사유가 있는 경우에는 사업에 관한 허가등의 제한 요구를 할 수 없다.

★㉠ 공시송달의 방법으로 납부고지된 경우
㉡ 「민사집행법」에 따른 강제집행 및 담보권 실행 등을 위한 경매가 시작되거나 「채무자 회생 및 파산에 관한 법률」에 따른 파산선고를 받은 경우
㉢ 「어음법」 및 「수표법」에 따른 어음교환소에서 거래정지처분을 받은 경우
㉣ 납세자가 재난 또는 도난으로 재산에 심한 손실을 입은 경우
㉤ 납세자가 경영하는 사업에 현저한 손실이 발생하거나 부도 또는 도산의 우려가 있는 경우
㉥ 납세자 또는 그 동거가족이 질병이나 중상해로 6개월 이상의 치료가 필요한 경우 또는 사망하여 상중(喪中)인 경우
㉦ 총 재산의 추산(推算)가액이 강제징수비(압류에 관계되는 국세에 우선하는 「국세기본법」 제35조제1항제3호에 따른 채권 금액이 있는 경우 이를 포함)를 징수하면 남을 여지가 없어 강제징수를 종료할 필요가 있는 경우
㉧ 「부가가치세법」에 따라 물적납세의무를 부담하는 수탁자가 그 물적납세의무와 관련한 부가가치세 또는 강제징수비를 체납한 경우
㉨ 「종합부동산세법」에 따라 물적납세의무를 부담하는 수탁자가 그 물적납세의무와 관련한 종합부동산세 또는 강제징수비를 체납한 경우

3) 사업에 관한 허가등의 제한 요구의 철회

관할 세무서장은 사업에 관한 허가등의 요구를 한 후 해당 국세를 징수한 경우 즉시 그 요구를 철회하여야 한다.

해당 주무관청은 관할 세무서장의 허가등의 제한 및 철회 요구가 있는 경우 정당한 사유가 없으면 요구에 따라야 하며, 그 조치 결과를 즉시 관할 세무서장에게 알려야 한다.

6. 출국금지

국세청장은 정당한 사유 없이 5천만원 이상의 국세를 체납한 자 중 다음에 해당하는 자에 대하여 법무부장관에게 「출입국관리법」에 따라 출국금지를 요청하여야 한다.

<출국금지 요청 대상자>

다음 중 어느 하나에 해당하는 사람으로서 관할 세무서장이 압류·공매, 담보 제공, 보증인의 납세보증서 등으로 조세채권을 확보할 수 없고, 강제징수를 회피할 우려가 있다고 인정하는 사람에 대하여 출국금지를 요청하여야 한다.

㉠ 배우자 또는 직계존비속이 국외로 이주(국외에 3년 이상 장기체류 중인 경우를 포함)한 사람

㉡ 출국금지 요청일 현재 최근 2년간 미화 5만달러 상당액 이상을 국외로 송금한 사람

㉢ 미화 5만달러 상당액 이상의 국외자산이 발견된 사람

㉣ 명단이 공개된 고액·상습체납자

㉤ 최근 1년간 체납된 국세가 5천만원 이상인 상태에서 사업 목적, 질병 치료, 직계존비속의 사망 등 정당한 사유 없이 국외 출입 횟수가 3회 이상이거나 국외 체류 일수가 6개월 이상인 사람

㉥ 사해행위(詐害行爲) 취소소송 중이거나 「국세기본법」에 따라 제3자와 짜고 한 거짓계약에 대한 취소소송 중인 사람

7. 고액·상습체납자의 명단 공개

국세청장은 체납 발생일부터 1년이 지난 국세의 합계액이 2억원 이상인 경우 체납자의 인적사항 및 체납액 등을 공개할 수 있다.

8. 고액·상습체납자의 감치

1) 감치 대상자

법원은 검사의 청구에 따라 체납자가 다음의 사유에 모두 해당하는 경우 결정으로 30일의 범위에서 체납된 국세가 납부될 때까지 그 체납자를 감치(監置)에 처할 수 있다.

㉠ 국세를 3회 이상 체납하고 있고, 체납 발생일부터 각 1년이 경과하였으며, 체납된 국세의 합계액이 2억원 이상인 경우
㉡ 체납된 국세의 납부능력이 있음에도 불구하고 정당한 사유 없이 체납한 경우
㉢ 국세정보위원회의 의결에 따라 해당 체납자에 대한 감치 필요성이 인정되는 경우

2) 감치 절차

① 국세청장은 체납자가 감치사유에 모두 해당하는 경우 체납자의 주소 또는 거소를 관할하는 지방검찰청 또는 지청의 검사에게 체납자의 감치를 신청할 수 있다.

② 국세청장은 체납자의 감치를 신청하기 전에 체납자에게 대통령령으로 정하는 바에 따라 소명자료를 제출하거나 의견을 진술할 수 있는 기회를 주어야 한다.

③ 감치 결정에 대해서는 즉시항고를 할 수 있다.

④ 감치에 처하여진 체납자는 동일한 체납 사실로 인하여 다시 감치되지 아니한다.

⑤ 감치에 처하는 재판을 받은 체납자가 그 감치의 집행 중에 체납된 국세를 납부한 경우 감치집행을 종료하여야 한다.

3) 고액·상습체납자의 감치 신청에 대한 의견 진술

① 국세청장은 체납자가 소명자료를 제출하거나 의견을 진술할 수 있도록 감치 요건 등이 적힌 서면(체납자가 동의하는 경우 전자문서를 포함)을 체납자에게 통지해야 한다. 이 경우 소명자료 제출 기간에 소명자료를 제출하지 않거나 의견진술 신청이 없는 경우에는 의견이 없는 것으로 본다.

② 감치에 대해 의견을 진술하려는 사람은 소명자료 제출 기간에 진술하려는 내용을 간략하게 적은 문서를 국세청장에게 제출해야 한다.

③ 국세청장은 의견진술 신청을 받은 경우 국세정보위원회의 회의 개최일 3일 전까지 신청인에게 회의 일시 및 장소를 통지해야 한다.